一流企業で学んだ、
地味だけど世界一簡単な
「人を動かす力」

シン報連相

曽和利光
Sowa Toshimitsu

CROSSMEDIA
PUBLISHING

仕事ができる人は、何が違うのでしょうか。

人事として2万人の採用候補者と

出会う中で、私がずっと考えてきたことです。

当然ですが、働く環境や仕事内容によって、
求められる能力や性格はそれぞれです。

参考までに、経団連が調査した
「企業が選考時に重視する要素」を紹介します。
※全部読まなくても大丈夫です。

1位　コミュニケーション能力

①論理的である（論理的な筋道を立ててわかりやすく考え、説明ができる）
②客観的である（自分の価値観や先入観に引きずられず、客観的な話し合いができる）
③感受性が豊か（相手の感情や思いを想像し、集団の空気を読むことができる）
④表現力が豊か（自分の考えていることを、たとえ話や適切な言葉遣いで表現できる）
⑤交渉力がある（実現したいことをするために人を納得させる交渉ができる）
⑥社交的である（人が好きで、たくさんの人とうまくやっていくことができる）

2位　主体性

①自律的である（人から言われなくても、自分自身で考えて、動き始めることができる）
②責任感がある（問題が起こった時に自分の責任と考え、当事者意識を持って行動できる）
③活動量が旺盛（何をするにしても、高いエネルギー量で活発に行うことができる）
④独立心がある（自分一人だけでも、やらなくてはいけないと思ったことは行動に移せる）
⑤前向きである（チームの目標に対して、常に前向きに意味付けして、取り組もうとする）
⑥創造力がある（自分から新しいアイデアを生み出すことができる）

3位　チャレンジ精神

①好奇心がある（経験したことのない新しいことでも何でもやってみようと思う）
②達成意欲がある（夢や理想、目標が高く、それらを達成したいと強く思う）
③向上心がある（自分の能力やスキルを高めていきたいと強く思う）

④冒険心がある（未経験のことやリスクのあることも、自分ならできる自信が持てる）
⑤変革力がある（ルールや環境などの制約条件に捉われず、必要に応じて変えようとする）
⑥曖昧耐性がある（不確実で曖昧なことに対しても、あまり不安に思わずにいれる）

4位　協調性

①和を重視する（チームで物事を進める際、全体の和を重視し自分のすべきことを考える）
②役割意識がある（自分の特徴をよく理解し、チーム内で果たすべき役割がわかっている）
③貢献心がある（人や所属するチームに対して、貢献したいという強く思う）
④統率力がある（自らが率先して、チームの和や一体感を作り出そうとすることができる）
⑤適応力がある（やるべきことには素直に前向きに、フットワーク軽く始めれる）
⑥落ち着いている（何が起こっても動揺することなく、安定して行動することができる）

5位　誠実性

①真面目である（期待されていることや役割について、しっかりとこなそうとする）
②継続力がある（やり始めたことは、途中で困難なことが起こっても諦めずに続ける）
③正直である（嘘をついたり、話を盛ることはせず、事実に基づいて人と正直に相対する）
④素直である（自分がわからないことは、言われた通りにやってみる）
⑤几帳面である（どんなことでも正確に丁寧に間違いがないようにしようと行動する）
⑥信念が強い（抵抗や障壁があっても、自分が正しいと思う信念に基づいて行動する）

※「選考時に重視する要素」の上位５項目（経団連より）

いかがでしょうか。
人事が採用活動をする際、
これだけたくさんの視点から人を見ているのが
おわかりいただけたと思います。

だけど、これらをすべて身につけるのは、
難しいですし、必要でもありません。

では、どうすればいいのか。

若い人も、ベテランも。
これから仕事を始める人も、
新しい仕事に挑戦する人も。

まずはこれだけ身につけておくべきことがあります。
それがこの本のタイトルである「報連相」です。

なぜなら、働き方が多様かつ自由になり、
職場でのリアルなコミュニケーションが減っていく時代の中で、
人を動かし、大きな仕事のチャンスをつかむために、
「報連相」は大きな力を発揮してくれるからです。

そして、仕事ができる人ほど、
凡事を徹底する重要性を
誰よりも知っているのです。

仕事をするとき、

「まずは報連相」

を合言葉にしてみましょう。

今の仕事がもっと楽しく、
あなたらしく働けるようになるはずです。

はじめに

今の時代、どうしてこんなにも転職する人が増えたのでしょうか。

実は世の中の転職原因の半分以上は、「上司との相性の不一致」です。上司との人間関係が悪化すれば職場が地獄になるのはわかりますが、せっかくその仕事がしたいと思って入社したのに、別の理由で退社するのはもったいないことです。

なぜ、こんなにも上司との人間関係を損ねる人が多いのか。それを解決するのが、本書のテーマである「報連相」です。

あなたは上司や先輩から、こんなふうに言われたことはありませんか。

「なんでもっと早く言ってくれなかったんだ」

「そんな報告では何も伝わらないし、要点がわからないよ」

きっと、うなずいてくれる人は少なくないはずです。

一方で、こんなことを言われた人もいると思います。

「そんな細かいことまで、いちいち報告しなくていいよ」

言わなければ怒られ、言っても怒られる。そんなモヤモヤを抱えているビジネスパーソン、特に若手の人は多いのではないでしょうか。

どこまで言えばいいのかわからないし、上司はいつも忙しそうだからタイミングもわからない。リモートワークだとなおさら、いつどうやって声を掛ければいいのかがわからない。

これは決して、あなたが悪いわけでも、上司が悪いわけでもありません。

これだけビジネスの場で広く知れ渡っている「報連相」の概念が、実はあまりちゃんとわかられていない証拠です。

詳しい解説はこの後に譲りますが、長く人事として仕事をする中で、現在の職場はコミュニケーションロスにより、生産性の低下や人間関係の希薄化、組織コミットメントやエンゲージメントの低下など、様々な問題が起きているのです。

そんな「よろしくない状況」を、自分の手で打開する策が報連相のアップデート、すなわち「シン報連相」です。

報連相は昔から使われるコミュニケーション方法ですが、社会人になったばかりの新人からベテランまで、会社や組織に頼ることなく自分で状況を改善する手段でもあります。その効果は、現在でもほとんど変わりません。

上司や先輩、同僚との行き違いを減らし、仕事はうまく回り、何なら偉い人からの覚えも良くなり、やりたいことにも近づけます。そして、報連相ができれば、仕事の基本となる考え方とコミュニケーション方法を押さえられるのです。

「そうは言っても、コミュニケーションロスが起こっている今の状況で、どううまく報連相すればいいいんだ！」

「そもそも報連相がうまくできないから、さっきのような行き違いが起こっているんじゃないの？」

こうした意見はごもっともです。だからこそ、私は報連相のアップデート版、すなわち「シン報連相」を皆さんに知ってもらいたくて、この本を書きました。

一見つまらないことのように思える報連相には細かなコツがあり、やり方やタイミングを少し変えるだけで、その効果がガラリと変わります。

また、本書で紹介する内容の1つひとつは、決して難しくないですが、コツをつかめば、コミュニケーションの無用な行き違いは減らせるはずです。

職場で感じるストレスの多くは、人間関係によって生まれます。その人間関係を作っていくコミュニケーションがうまくいかず、逃げ出すように転職に踏み切る人も少なくありません。

これは言い換えれば、コミュニケーションがうまくいけば、仕事はもっと楽しくなり、あなたらしく働けるようになるのです。

働く皆さんが、少しでも楽しく、幸せに働けるように。

本書がその一助を担えれば嬉しいです。

第2章

「上司」の頭の中を知ろう

第3章

第4章
「報連相をされる側」になったら

第5章　報連相をバージョンアップさせる「おじさんリテラシー」

編集協力　伊藤理子
ブックデザイン　三森健太（JUNGLE）
本文デザイン　石澤義裕（Albania）
イラスト　Studio-Takeuma

第1章

なぜ「まずは報連相」なのか

報連相は仕事の基本

戸田恵梨香さんと永野芽郁さんがドラマに出演し、原作も大ヒットした漫画『ハコヅメ～交番女子の逆襲～』の中で、印象に残っているセリフがあります。

「ん？　何言ってんだ　おまえ
ホウ・レン・ソウだよ　報告・連絡・相談
下っ端の一番重要な自己防衛策だ
上司に責任を転嫁していけ」

※『ハコヅメ』3巻、その26「新任の秘密」より

ビジネスシーンで長く使われてきた、上司から部下への面倒くさい義務のように思われている「報連相（ホウ・レン・ソウ＝報告・連絡・相談）」には、実は部下

の側が上司を動かしたり、部下が自分の身を守れたりする大きなポテンシャルがあるというのです。

私もこのセリフの考え方に大いに賛成です。「報連相」には上司などのパワーを持ったおじさんたち（おばさんでも良いですが）をうまく使い、自身の仕事の成果につなげてきた経験が何度もあったからです。

「報連相」が生まれてからかなりの時が経ち、現在では古い「昭和の言葉」のように思われがちですが、このマンガのセリフにもあるように、令和の世の中においても通用する力を秘めているのです。

例えば、コンサルティングや建設現場などのプロジェクトで、

「このプロジェクトの進捗が予定よりも遅れていて、営業日数ベースで目標の80％程度の状況です。このままで行くと予定には間に合わないので、取り急ぎお耳に入れておいてください」

と早めに「報連相」しておけば、プロジェクトの責任者である上司は「わかった。とりあえずなんとかする」と、必ず対策を考えたり、指示を出してくれたりするはずです。まさに「報連相」によって、上司が動いてくれたわけです。

こうした細かなコミュニケーションをせずに、問題が発覚するまで溜め込んでしまうと、「なぜ今まで黙っていた！」「もっと早く言ってもらいたかった」となるのがオチです。

社会人になると、報連相はまず教えられる「ビジネスの基本」の1つですが、この言葉はいつから言われ始めたのかをご存じでしょうか。

諸説ありますが、1982年に山種証券（現・SMBCフレンド証券）社長の山崎富治氏が広めたのが始まりとされています。若手社員でも簡単に報告・連絡・相談を行える職場を作ろうというのが、当時の目的だったようです。

それから40年以上が経ち、今でも仕事を円滑に進める目的で、多くの企業に報連相の考え方が取り入れられています。

報連相はコミュニケーションのすべてを網羅している

報連相の必要性について詳しくお話しする前に、まずは報連相を構成する「報告・連絡・相談」が何を指すのか、定義しておきましょう。

ただ、正直に申し上げると、この「報連相」は「ほうれん草」と同じ語感の良さで使われ、広まっただけと言えばそれだけなので、「報告」と「連絡」と「相談」に厳密な違いがあるわけではありません。

しかし、「報連相」の持つ要素を明確にするために、ここではあえて区別して定義してみたいと思います。

①報告

「報告」は英語で言えば「report」です。つまり、上司や先輩などからの聴取（hearing）に対応して行うものです。例えば「あの仕事ってどうなっているの？」「これ調べておいてくれる？」などと上司から聞かれたり、指示されたりしたこと

あえて報連相を分けてみると、こうなる

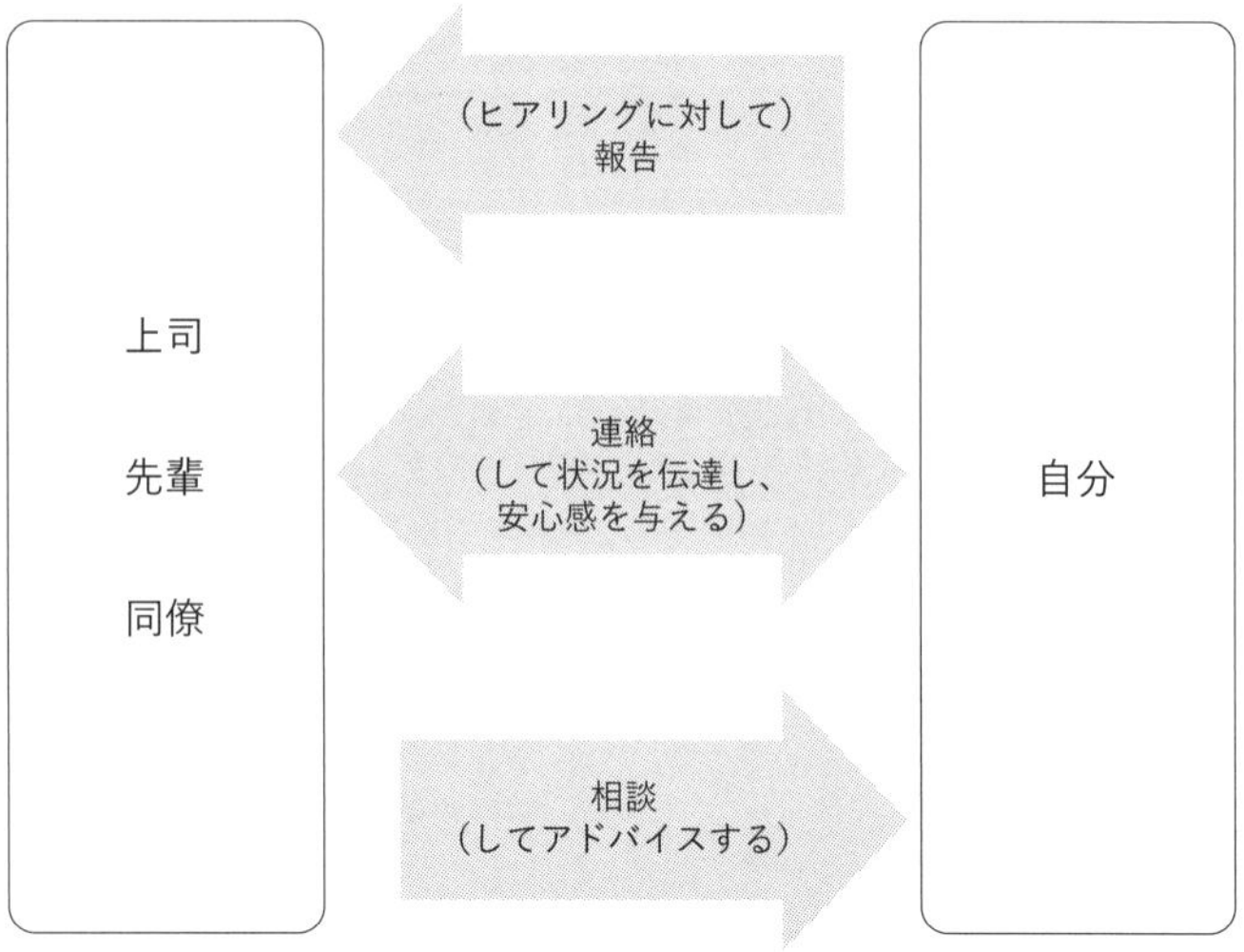

に対応する行為に当たります。

②連絡

「連絡」は英語で言えば「contact」。disconnection(断絶)の反対の意味になります。つまり、こまめに状況を連絡し、上司や先輩などと断絶せず「常時接続」することで、安心感や信頼感を持ってもらう目的があります。

③相談

「相談」は英語で「ask for advice」。文字通り、自ら働きかけて上司や先輩などから何らかの意見(advice)をもらうことです。

これらの概念を図解すると、上図のようになります。先にも述べたように、報告・連絡・相談の3つは明確に分けられるものではなく、重なり合う部分が多いのが特徴です。

例えば「報告」は上司など、第三者から受けた要望に対して応える行為ですが、「連絡」は「要望されてないないけれど、相手が知りたいであろう情報」を予想して伝えるものであり、ビジネスの現場では明確な線引きはありません。

例えばこのような会話は「報告」でしょうか、それとも「連絡」でしょうか。

部下「先日、例の件について気にされていたので、お伝えしておきます」

上司「ありがとう。ちょうどそれ知りたかったんだよね。ちなみにこれはどうなってるかな」

鳥の雛《ひな》が卵から出ようと鳴く声と、母鳥が外から卵の殻をつついて出てくるのを手伝うのが同時であることから生まれた「啐啄同時《そったくどうじ》」という言葉があります。

これは2人の人がまるでテレパシーのように、ちょうど良いタイミングで呼応することですが、このように部下が「連絡」しようと思っていたら、ちょうど上司は「報告」を待っていたなんてことは日常茶飯事です。

「相談」も、自分から相談を持ちかけて意図的にアドバイスを得るケースもあれば、報告や連絡をして「こうしたらいいのでは」と予想外のアドバイスをもらうケースもあります。

つまり、「報連相」とは、**マネジメントラインにおける上司や先輩、同僚などとのコミュニケーション全般を指すもので、ビジネスを行う上で関係のない人はほとんど存在しないものです。**

したがって、ここから先、本書では報告・連絡・相談と分解せず、「報連相」とひとまとめにして取り上げていきます。

下足番を命じられたら、日本一の下足番になってみろ

前述のように、報連相は40年以上の歴史がある言葉です。

そのためか、「いかにも古いビジネス慣習でしょう」「今の時代にそぐわない話だろうな」と思う方も少なくないでしょう。報連相と聞くだけで、「昭和の慣習に無理に当てはめられそうでしんどい」と苦手意識を持つ若手の方もいらっしゃるかもしれません。

しかし、古い言葉なのに今でも使われているものには、必ず意味があります。

例えば、阪急・東宝グループの創設者で、日本の私鉄のビジネスモデルを作った小林一三氏の有名な言葉で「下足番を命じられたら、日本一の下足番になってみろ。そうしたら、誰も君を下足番にはしておかぬ」というものがあります。

今でもこの言葉は様々な書籍や研修などで引用されますが、実は同じような意味

で最近耳にする「ジョブ・クラフティング（たとえアサインされた仕事がつまらなくても、自分なりに工夫して楽しんで取り組むことで、大きな成果を挙げるような行動）」という言葉もあります。

これらの言葉や概念は言い方は変われども、内容は近いものがあり、時代を超えても普遍的な価値を有していることがわかります。

このように「報連相」は決して時代遅れのものではなく、むしろ現在でも有効なコミュニケーション方法で、その重要性はどんどん増しています。

一昔前までは、多くの会社員は毎日オフィスに出勤し、上司や先輩、同僚たちと朝から晩まで机を並べて働き、12時なれば一緒にランチを食べ、時に仕事帰りには飲みに行く。こうして密にコミュニケーションを取るのが当たり前の光景でした。

そんな状況下で毎日を過ごすうちに、いつしか上司や同僚の存在はまるで空気のような存在となり、特に指示がなくてもごく自然に仕事を進めることができていました。

近くに座る上司に「あの会社とのアポ、どうにか取り付けましたよ」と報告した

どこでも働ける時代になり、
コミュニケーションのあり方も変わってきている

り、先輩に「今日は17時からA社とのアポがあるので、直帰します」と連絡したり、隣の席の同僚に「明日のプレゼンの練習をしたいから、壁打ち相手になってくれない？」と相談したり。

ところが、２０１８年に成立した働き方改革関連法案などにより、働き方改革が広がり、働く環境があまりに大きく変化した今、「それぞれが意識的に報連相を行わないと、うまくビジネスが回らない」という事態にまで陥っているのです。

なぜ、このような状況になったのか。私たちを取り巻く環境の変化について詳しくご説明しましょう。

変化1

1人ひとりにまで目が行き届かない

時間を1990年代のバブル崩壊直後頃までさかのぼります。バブルが終焉し、日本経済は深刻な不況に陥りました。その際、企業がまず行ったのが、給与水準が高く、コストとしての負担が大きい「中間管理職」の削減でした。

当時は、「○○補佐」「○○代理」「○○代行」など、様々な中間管理職のポストが用意されていました。例えば、トヨタ自動車でも「副課長」「課長心得」「課長待遇」「課長補佐」など、時代によって様々な名称の肩書きがありました。

かつては年齢が上がるにつれて、役職や賃金が上がる「年功序列」や「職能等級制度」の人事制度が主流で、かつ転職が今ほど当たり前ではなかったので、役職という受け皿が数多く必要だったためです。

しかし、日本経済が傾き、企業業績が悪化する中で、中間管理職を減らして現場の最前線で稼げるプレイヤーを増やそうとする企業が急増しました。

その結果、多くの会社で中間管理職のリストラや、プレイヤーへの格下げが実行されたのです。

厚生労働省の「賃金構造基本統計調査」によると、現在は課長以上のポストに就ける人はおよそ10％程度です。

しかしバブル崩壊直後の１９９２年には、40代前半の51・１％、40代後半の66・５％が課長以上のポストに就いていていました。

実際、私が新人だった頃は暇そうな管理職も多く、疑問に思ったものでした。朝からずっと新聞を読み、夜になれば飲みに連れ出され、「最近どう？」と話を聞いてくるだけの人が組織の中にゴロゴロ存在していました。

部下の責任を負うのは今も昔も管理職の大事な仕事ですが、当時は社員の半数が何らかのポストに就いているのに、管理する部下の数も少なかったことから、オフィスで悠々と過ごせていたのでしょう。

また、いくつかの研究結果もありますが、**１人の管理職がマネジメントできる**

メンバー数は6人が限界と言われています。これを「マネジメント・スパン・オブ・コントロール＝統制できるマネジメントの範囲」と言ったりします。

もちろん、管理職の能力によって多少の差はありますが、1人のリーダーが9人以上のメンバーを管理しければいけない現状は、管理職にとっては「無理筋」な話で、メンバー1人ひとりに目が行き届かないのは当たり前のことなのです。

変化2 構造的な変化

ここに追い打ちをかけたのが、先ほど申し上げた2010年代後半から始まった「働き方改革」でした。

厚生労働省の定義によると、働き方改革とは「働く方々が、個々の事情に応じた多様で柔軟な働き方を、自分で『選択』できるようにするための改革」です。

主な目的は、少子高齢化に伴う生産年齢人口の減少を受け、誰もが働きやすい環境を整えることで、参加できる労働人口を増やすことです。

働き方会改革関連法案が施行され、大企業は2019年4月から、中小企業も2020年4月から適用となったことを受け、残業削減をはじめとする労働時間の是正や、テレワーク、フリーアドレスといった多様な働き方の実現への取り組みが本格的に進みました。

実際、この働き方改革によって、子どもを持つ女性や高齢者を中心に復職する人が増え、約300万人もの労働人口増加につながっています。

ただ、残業時間の削減を徹底した副作用として、上司や先輩、同僚などと一緒に働く時間が減り、コミュニケーション量は明らかに少なくなりました。

株式会社ワークポートの調査（2023）によると、職場で忘年会の実施率は5割を切り、職場の飲み会の月平均頻度は「0回」が最多で64・4%でした（次点が「1回」の26・9%）。飲み会がコミュニケーションのすべてではないですが、かつての日本のサラリーマンのコミュニケーションの象徴であった「飲みニケーション」はもはや存在しないも同然なのです。

そして2020年以降は、コロナ禍がさらなる追い打ちをかけます。緊急事態宣言を受け、リモートワークに切り替える企業が急増し、時間だけでなく空間的にも、上司や同僚との接点が減少しました。

ＨＲ総研による「社内コミュニケーションに関する調査」によると、コロナ禍に突入した２０２１年調査では、社内コミュニケーション状況が「悪化した（『やや悪化』と『非常に悪化』の合計）」と回答した企業は41％にも上りました。

一方で、９割もの企業が「社員間のコミュニケーション不足は業務の障害になる」とも述べています。


極端な話をすれば、企業における事業環境が平穏ならば、非同期の環境でも仕事はうまく回せるでしょう。上司が一度決めた戦略を変える必要もなく、コミュニケーションを多く取らなくても結果が出せるからです。

しかし、今ではそんな企業を探す方が難しいと思います。変化は激しく、先行きも見えづらいＶＵＣＡ（Volatility（変動性）、Uncertainty（不確実性）、Complexity（複雑性）、Ambiguity（曖昧性））の時代と言われてから、すでに何年も経っているからです。

そんな中で、経営者は「現在のビジネスをどうするべきか」「次は何に挑戦使用か」と常に戦略を考え、実行することが求められるハードな時代です。そして、そこには必ず職場内でのコミュニケーションがより一層欠かせないものになります。

つまり、空間的にも時間的にも、非同期で働かなくてはならない環境においてはコミュニケーションの在り方を意識して変えなければ、途端に事業が立ち行かなくなってしまう可能性すらあるのです。

若い人こそ「報連相」に力を入れよう

ここまで読んで、「それって、単に企業が経営しづらい世の中になったということでしょう？　自分たちではなく、企業や経営者が頑張ればいいのでは？」という感想を持つ人もいるかもしれません。確かに経営側もいろいろ工夫しています。

しかし、私も長く人事として仕事をしてきた中で、働く個人にとっても報連相の重要性や、それを行うメリットは増していると断言できます。

いちいち報連相するのは面倒くさい、できることならやらずに済ませたいと思われるかもしれませんが、まずは報連相しておく方が断然メリットが大きいのです。その理由を以下にご説明します。

メリット1

「上司には見えていない部分」をアピールできる

テレワークの機会が増えれば、上司と絡む機会も減り、気が楽だと考える人も少なくないようですが、上司の目が行き届かないというのは、すなわち「**目に見える成果しか評価してもらえなくなっても仕方がない**」ことを意味します。

仕事の中で努力を重ねたのに、最終的にはアンラッキーな結果で終わる、なんてことは仕事ではまあまあ起こり得ることです。

例えば、不動産営業の仕事で、何度も顧客のもとに足を運び、人生設計まで細かくヒアリングを重ね、最適な物件を提案し、先方もようやく決断してくれたのに、最後の最後で顧客都合で銀行のローン審査が下りなかった……なんてこともあり得るでしょう。

私のサラリーマン人生の最後は不動産会社でした。家は1戸、2戸と売れていきますが、当然ですが「1・5戸売れた」というような中途半端なことにはなりません。売れるか売れないか、オール・オア・ナッシングの世界です。

しかし、1戸売れたのと、不可抗力で売れずに0戸となってしまったことに、売上以外ではそこまでの評価の差はないはずです。

それなのに、リモートワークのような非同期の環境では、上司も不動産の受注につながらなかった結果しかわからないので、「ゼロ評価」とされる可能性があるのです。


これは上司に悪気があるわけではなく、単に「部下の動きが見えないから、評価ができない」のです。


裏を返せば、結果的に受注できなかったものの、そこまでのプロセスで努力をしたのであれば、その事実を報連相してアピールすることもできます。

「どのような課題に対し、どんな努力を重ね工夫を凝らしたのか」「今回の失注が自分にとってどんな糧となり、今後にどう活かしていきたいのか」などを詳しく上司に伝えることで、失注の背景やその過程にある努力のほどが具体的に伝わり、何らかの評価が得られるかもしれません。

特にバックオフィス部門など、成果が数字で見えにくい仕事であればなおさら、正当な評価を得るために報連相が必須と言えるでしょう。

もともと「陰徳《いんとく》を積む」「不言実行」という言葉があるように、日本人には「陰でひっそり努力する」ことを美徳とする特性があります。

「目の前の仕事に一生懸命向き合っていれば、その頑張りを必ず誰かが見てくれている」「お天道様が見ている」「自分から努力をアピールするのははしたない」などと考える人も少なくありません。

でも残念ながら、それでは努力や頑張りが一向に伝わらず、いつまで経っても仕事の成果につながらないのが世の中です。「陰徳を積む」という謙虚な考え方は私も好きですが、実際にはそれを分かってくれるテレパシーなど存在しません。

結局、上司に対して自分から積極的にアピールしなければ、いくら頑張ったところで正当な評価は得られにくいだけなのです。

メリット2

仕事の自由度が上がる

報連相が必要と言うと、「会社や上司に縛られている」と感じる人もいますが、決してそんなことはなく、逆に仕事の自由度は上がります。なぜなら、効果的に報連相を行えば、むしろ余計な干渉をされにくくなるからです。

余計な干渉とは、実際に仕事を進める上で、特に必要のない作業を強いられて「報連相」を求められるようなことです。例えば、せっかく順調に行っている仕事の手を止めて、その状況を説明するのは、必要のないコミュニケーションでしかありません。

順調であれば、そのまま仕事を進めてもらう方がいいのに、きちんと事前に報連相を行なわなかったばかりに、無駄な仕事が増えてしまうのです。

基本的にあらゆる仕事は、社長からマネージャー、リーダー、部下といった形で分業によって成り立っています。

上司は部下の働き方が見えず、
ブラックボックス化している

メンバーと役割分担しながらプロジェクトを動かしたり、先輩や同僚と協力し合いながら業務を進めたり、クライアントから業務を発注されたり、社外ブレーンに発注したりと、必ず誰かと関わり、それぞれ協力しながら進めていきます。

ただ、上司が部下に仕事を任せる際、その上司は少なからず何かしら不安を抱えているものです。

どのように仕事を進めているのか、進捗はどうなっているのか、クオリティは保たれているかなど、途中経過をつぶさに見ることはできず、部下の仕事の多くは「ブラックボックス化」されているのです。

例えばプロジェクト管理をする人に、「この人なら、放っておいても納期通りに高い精度で仕上げてくれる」と思ってもらえるだけの信頼があれば良いのですが、特に若手であればそう簡単にはいきません。

まだそのレベルにまで至っていない場合、たびたび「あの仕事は大丈夫？」「現在の進捗状況を表やグラフにまとめて報告して」「今後、問題が起きそうなリスクをあげておいて、そのリスクが起こらないように対策を取って」などと確認や指示をされ、「痛くない腹」まで探られることになります。

上司が不安に駆られるたびに声をかけられることになれば、部下はその都度対応せざるを得ません。その結果、仕事の手を途中で止める、集中力を削がれるなど、余計なコミュニケーションコストもかかってしまいます。

反対に、こちら側から上司に対し、自分のタイミングがいい頃合いで報連相しておけば、上司もこまめに状況把握ができ、頻繁に確認されたり、余計な口出しをされたりする必要もありません。結果、自分のペースで仕事が進められて、生産性も上がるということです。

自由に仕事を進めるために、逐一報連相をしておく。

これは逆説的に聞こえるかもしれませんが、「急がば回れ」の考えです。自分で創意工夫し、自律的に働くためにこそ、報連相が有効なのです。

メリット3　上司からのフォローやサポートが受けられる

組織行動学者のデービッド・コルブが提唱する「経験学習モデル」では、人は経験したことを振り返り、内省の中から学びを得て、得た学びを概念化し、そこでの学びを実践に活用する「4つのプロセス」を繰り返すことで、人は成長するとされています。

まず、1つ目のプロセスは「具体的な経験」です。経験学習サイクルはこれがなければ始まりません。

この「経験」とは、誰かから教えられたことや、本や資料を読んで得た知識といった間接的なものではなく、自ら体験したことを指します。また、うまくいった経験でも失敗した経験でも構いません。

ちなみに、この後のプロセスで経験から学ぶためには、自分の能力よりも少し背伸びした難易度の経験をするのがいいでしょう。

難しすぎる仕事では、振り返っても「まったく歯が立たなかった」くらいの感想しか出ず、反対に簡単すぎても「すでに知っていたこと、身についていた経験を使って解決できた」となるだけで、これも学習には至りません。

次に、2つ目のプロセスは「省察（内省的な観察。平たく言えば振り返り）」です。経験学習のサイクルでは、この「省察」のプロセスは最も重要なプロセスとされています。

ここでは、自分が経験した「具体的な経験」の意味、つまり「なぜその結果になったのか」を徹底的に深く掘り下げて考察していきます。経験から得た結果を、様々な角度から振り返ることで、3つ目のプロセスに向けた素地を作れます。

人が成長するには「経験学習モデル」が必要

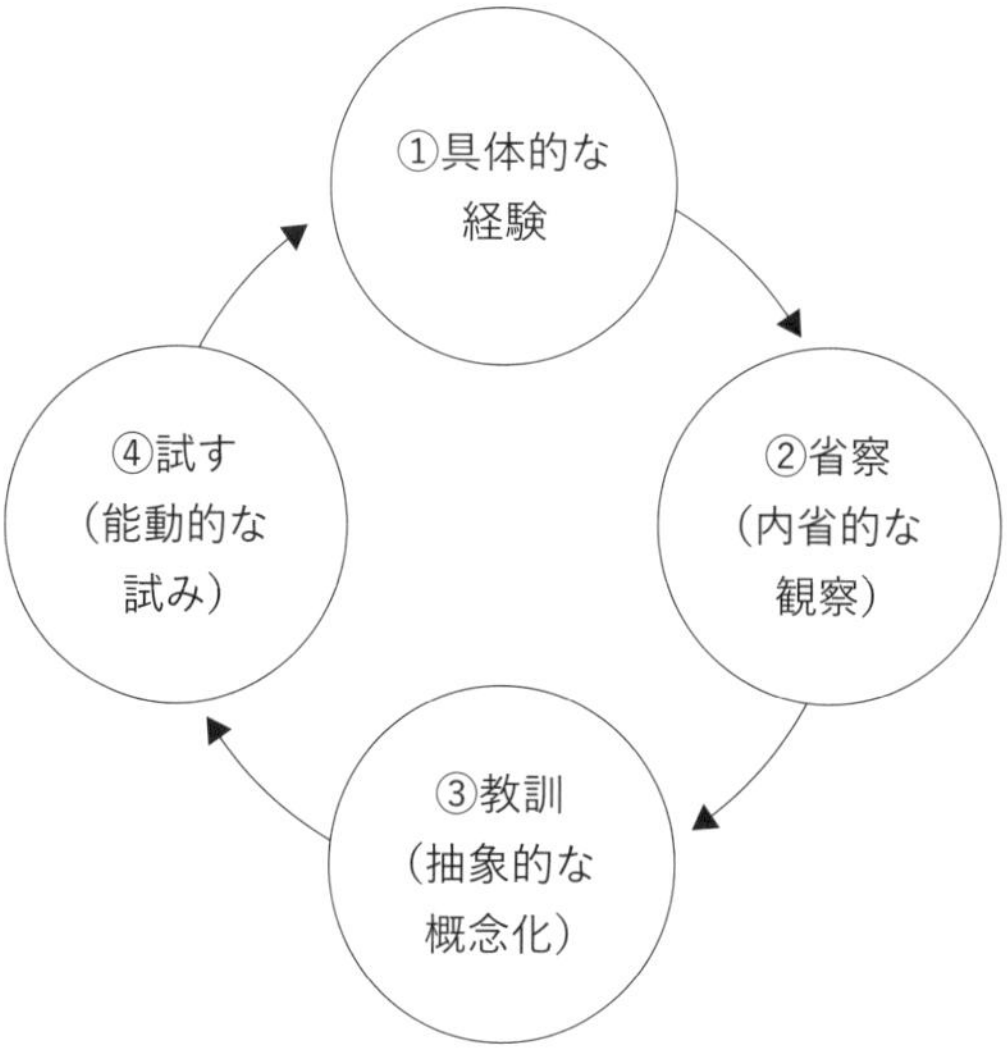

失敗した時に多くの人は反省をしますが、成功した時には単純に「良くできた」で終わってしまうことが多いので注意です。成功した時こそ、「なぜ成功したのか」「確かにうまく行ったけど、さらに良くすることはできなかったのか」と考えることが大切です。

この２つ目の「省察」に強く関わってくるのが、まさに「報連相」です。

自分が得た仕事経験を上司に対して「報連相」することで、その経験の振返りを上司がサポートし、自分だけではわからない視点で振り返りをしてもらえたり、気づかない学びを指摘してくれたりするはずです。

3つ目の「教訓」を作るプロセスでも、上司からのサポートは役に立ちます。ここで言う「教訓」とは、「ある経験を他の経験に活かせるよう、一般的な法則に置き換えていく」ことです。自分よりも多くの経験をしてきた上司だからこそ、いろいろな仕事に展開できるように発見する力があるはずです。

もちろん、教訓を作るという概念操作能力に自信のある人なら、上司の力は必要ありません。もしそうでなければ、報連相をうまく使い、ここでも上司の力を借りて能力開発につなげた方が良い判断でしょう。

そして、最後の4つ目のプロセスが「試す」です。仮説で作った「教訓」が、他の場面でも適応できるのかを試していく段階です。

サラリーマンである以上、自分がどんな仕事をするのかを、勝手に自分で決めることはできません。反対に、上司が「この人にはこの役割を任せよう」と思われなければ、いつまで経ってもやりたい仕事はできないのです。

なので、立てた教訓を実験してみたいのであれば、それを上司に訴えて機会を得ることが必要です。そこで、ここでも「報連相」をしておくべきでしょう。

例えば「この仕事から◯◯の教訓を得たのですが、次はこういう仕事にアサインしていただき、この教訓を試してみても良いでしょうか」と働きかけるのも、「報連相」にできることです。こうした働きかけをせず、ただ単に僥倖を待っていてもチャンスややってこないのです。

このように、私たちが仕事を通して成長するには、単にいろいろな仕事を経験するだけではなく、「なぜこれはうまくいったのか（失敗したのか）」「この経験から得た学びは何だろうか」「もっとうまくやる方法はないか」などと振り返り、経験を教訓化する必要がある、ということです。

そして、そのすべてのプロセスで「報連相」を適切に行うことで、上司を動かし、上司の力を借りて、自分がより多くを学ぶことができるのです。

繰り返しになりますが、経験学習モデルのプロセスをうまく回し、1つひとつの経験を能力向上につなげるためには、自らの現状を報連相でどんどん発信し、上司からのフィードバックやアドバイスを得やすい状況を作ることが大切です。

こまめに報連相を行うことは、自身の成長促進にもつながるのです。

こんなにメリットがあるにもかかわらず、報連相をしない選択をするのはあまりにももったいないことです。

第2章

「上司」の頭の中を知ろう

上司が見ているものを見よ

ここまで、一見すると古いようだけど、実は現代のビジネスシーンでも使える報連相の由来や、定着した時代背景、報連相を行うべき理由やメリット、現代的な意義を説明してきました。さて、本章では、報連相を行う対象である「上司」という存在が、どのような人なのかを一緒に考えていきましょう。

なぜかと言えば、

〝敵を知り己を知れば百戦殆うからず〟

だからです。

ナポレオンが『孫子』を座右の書にしていたのは有名ですし、第一次欧州大戦後、ドイツの皇帝ウイルヘルム二世は、「20年前にこの本を読んでいたら、勝敗の結果は変わったかも知れなかった」と伝えられています。

ビジネスやリーダーシップの場で、今も広く応用される名著『孫子の兵法』のこの言葉にもあるように、まず上司の考えを理解していれば、どんな風に報連相すればいいのかの機微を捉えられます。その結果、自分の仕事にとって効果の高い（メリットの大きい）コミュニケーションができるようになります。

逆に、相手を知らずに対応を決めてしまうと大変な目に遭うことになります。

極端な例ですが、日米戦争において、せっかく各国の国力調査をしていた「秋丸機関（陸軍省戦争経済研究班）」が出した「日本必敗（国力を比較すれば、日本は英米と開戦しても勝ち目はないという内容）」のレポートを国策に反する不都合なものとして握りつぶし、現実を見ずに開戦してしまった旧日本軍のようになってしまうわけです。

また、相手を知れば、「上司が普段見ているもの、気にしていること」もわかるので（**よく「上司を見るな、上司が見ているものを見よ」とも言われます**）、上司に細かく指示をされずとも、先回りして自分がどう行動すればいいのかをつかみ、職場でうまく立ち振る舞えるようにもなります。

例えば、上司がとても細かい性格で、マイクロマネジメント（事細かなことまで見ようとし口を出す）タイプだとわかれば、できるだけ頻度高く報連相をすべきだとわかります。

逆に、ざっくりとした受容的なタイプであるとわかれば、大まかな状況をたまに報連相しておけば良くて、あまり頻度高く報連相すれば「そんなことまで報告しなくていい」と言われてしまうなと判断できるようになります。

そこで次のステップとして、報連相の相手になる「上司の頭の中」を見ていきましょう。

上司も忙しく、抱える責任は重い

まずは上司、すなわち中間管理職の立場の人たちが、どんな環境下に置かれて仕事をしているかを理解することから始めましょう。上司を取り囲む現状や背景を知れば、より報連相の大切さに気づけるようになります。

現状1 管理できる限界を超えたマネジメント

第1章で触れたように、一昔前の管理職に求められていたのは、文字通り「メンバーの管理」でした。しかし、現在はメンバーの管理だけに専念できる職場はほとんどなく、自らも現場に立つプレイングマネージャーが増えています。

彼ら、彼女らはメンバーのタスクを管理しながら、自らも成果を上げることを求められる、そんな上司の姿が現在のスタンダードになっているのです。

また、企業の合理化によって管理職の数が減った今、マネジメントしなければならないメンバーの人数も増加傾向にあります。

しかし当然ですが、どんな人でも管理できる人数には限界があります。

一般的には、1人の管理職の「マネジメントスパン・オブ・コントロール（管理限界＝目が行き届く範囲・管理における認知限界）」は6名程度と言われています。例えば、様々な国の軍隊の最小単位が6名程度なのもこれが背景です。

内閣官房内閣人事局の調査によると、今の企業では11名以上の部下を管理している管理職は50・1％に上ります。

つまり、半数以上の管理職が、管理限界を超えた部下を抱えていることになります。ましてや、メンバー管理だけに専念できない現状では、とてもメンバー1人ひとりに目配りをする状態ではないのです。

こうした管理職の管理限界を考慮し、管理職とメンバーの間にリーダー層やメンターを挟み、なんとかして目を配ろうとする組織も見られます。

例えば、日本最大のフリマサービスで有名なメルカリでは、急成長に伴い人員が増大したことを受け、メンター制度を導入しています。

オウンドメディア「メルカン」のメンター制度についてのブログによれば、メンターとメンティー（メンタリングを受ける人）がお互いに自己紹介をしたり、「人生で一番感謝していること」「どのような人生を歩んできたのか」「仕事に対する価値観」などを共有しています。

こうして、価値観をベースにした対話をすることで、人材定着を図ろうとしています。他にも、会社が代金を負担してランチをすることで、コミュニケーションの活性化を図る「メンターランチ制度」もあるそうです。

しかし、評価する側である上司とメンバーとの間にワンクッション入ってしまうと、直接管理よりも1人ひとりの仕事ぶりが見えづらくなるケースもあるようです。

上司はマネジャーと言われますが、英語の「manage to」という熟語には「なんとかする」という意味があります。

たとえ管理限界、認知限界を超えたとしても、それならそれで、部下とのコミュニケーションの活性化（それこそ「報連相」の活性化です）や、なんらかのシステムツールを使うなど、ありとあらゆる可能性を考えて、「なんとかする」ことが求められる「つらい存在」なのです。

上司はメンバーの仕事ぶりが見えず、常に不安を抱えている

現状2　職場環境が変化しても「結果を出せ」と詰められる

これも第1章でお伝えしましたが、以前の日本のホワイトワーカーは月曜から金曜までオフィスに集まり、机を並べ、互いの顔を見ながらコミュニケーションをとって働くのが当然でした。

しかし、働き方改革によるリモートワークの拡大により、働く場所も時間も「非同期」となり、バラバラの環境でも仕事が成立できてしまっています。

このこと自体には大きなメリットもあります。パーソル総研の調査（2020）によると、出社者よりもリモートワーカーの方が組織コミットメント（会社への愛

着、会社の一員としての誇りなど）が高く、パフォーマンスの発揮状況（成果を出しているか、ワークエンゲージメントが高いか、仕事において創意工夫ができているかなど）も良好という結果が出ています。

こうしたリモートワークの環境下では、**上司はメンバーに任せた仕事の進捗状況が見えない「ブラックボックス化」を余儀なくされています。**

上司からすれば、部下に対してまさに疑心暗鬼を生むような状況を作り出していて、「あいつに任せた仕事は、計画通り進んでいるのだろうか」「クオリティは大丈夫か」「仕事の手は止まっていないか」など、常に「見えないことによる不安」を抱えています。

一方、上司のさらに上司、すなわち部長や取締役クラスからは、具体的な戦略を出されるわけでもないまま、リモート環境下でも変わらず成果を上げるようには言われ続ける。そんな板挟み状態が生まれているわけです。

しかも、この非同期の仕事環境が始まったのはほんの数年前の話で、多くの企業

コミュニケーションが少なくなれば、
必然的に上司のマネジメントは難しくなる

も、管理職も対応し切れていないのが事実なのです。

その結果か、国土交通省の調査ではリモートワークによって半数近くの人が「仕事に支障が生じる（コミュニケーションの取りづらさ、業務効率低下など）」「勤務時間が長くなる」など、勤務状況が厳しくなったと回答しています。

また、東京大学医科学研究科の調査でも、「ネガティブな出来事があった時に吐き出せない」「在宅勤務をする物理的環境がないこと」「職場の人と雑談できないこと」のストレス割合が高いという報告がなされています。

このような状況から、仕方なくメンバーの行動に過干渉し、細かく管理してしまう、「マイクロマネジメント」に走る管理職も増えています。

例えば、リモートワークをしている部下には1時間に1回のペースで現状報告をさせる、常時テレビ会議システムをつなぐ、架電件数やアポイント件数、訪問件数など数字で示せるものはすべて逐一共有する。他にも、高い収益率を上げている企業ではもっと厳しいマイクロマネジメントを行っています。

こうして、部下の業務の中でブラックボックス化されている部分を、マイクロマネジメントでどうにか可視化しようと管理職も必死になっているのです。

職場のブラックボックス化により、マイクロマネジメントを行うケースも増えている

現状3

管理職の「言語化能力」が求められる

厚生労働省の「令和3年賃金構造基本統計調査の概況」によると、管理職（課長職）の平均年齢は48・7歳。これは、いわゆるX世代（1965年～1979年生まれ）と言われる世代で、今の若手社員の年代に当たるZ世代（1990年代半ば～2010年代序盤生まれ）とは2世代分の差があります。

特に現在、一般的に管理職を任されている40代以上の世代は、非同期環境での経験は浅く、完全に対面コミュニケーションの中でマネジメントされ、育ってきた世代です。

また、彼らが20代の頃は、今日のような残業規制もなく、仕事帰りに飲みに行くことも盛んでした。お酒の席でなくても、朝から晩まで上司や同僚と密にコミュニケーションを取りながら働くなんてこともありました。

そのような環境の中で磨かれたのは、言葉にならないものを読み取ろうとする

「感受性」でした。

「あ・うんの呼吸」「以心伝心」「一を聞いて十を知る」「打てば響く」「空気を読む」といった言葉の通り、「上司や同僚、顧客が皆《みな》まで言わなくても、相手の考えていることを感覚でつかみ取れ」と教えられてきたのです。

例えば30年ほど前、**私が新入社員だった頃に驚いたのは、職場で私の先輩が部下に「あの、えー、あれ、あれやった?」と聞いて、先輩が「あー、もしかしてあれですか? もうすでにやっています。大丈夫ですよ」と答えているような場面があったことです。**この人たちは超能力でもあるのかと思いました。

しかし、このようなやり方はもう現代のビジネスでは通用しません。

昔は同じ環境で働き、前提となる知識や文化、価値観が共通認識として備わっていたからこそ、極めて同質性が高く、いわゆるハイコンテクスト(共通知識をみなが持っている状態)だったのです。そうした働き方だから、すべてを言葉にしなくても感覚で分かり合えていたのです。

今の若手世代はその当時とは正反対とも言えます。上司や同僚との直接的な関わりは少なくなり、同じフロアで働いていてもチャットでコミュニケーションを完結できてしまいます。

こういった仕事環境では、相手の考えていることを感覚的に知り、コミュニケーションする力が鍛えにくいとも言えます。

しかし、仕事を進めていく上で、必ずしも感覚的なコミュニケーションや、前提となる共通認識が必要とは限りません。実際に、人事としてあらゆる職場を見てきた中で、**「何か指示したり伝えたりするときは、できるだけ言語化してほしい」**と考える傾向は強くなってきています。

例えば昔なら、上司が「ちょっとピンと来ないなあ」というように、ふわっとした曖昧な言葉で返答することは日常茶飯事でしたが、今このようなことを言ってしまうと「『ピンと来ない』って一体なんですか?」と言い返されてしまうのがオチでしょう。

今求められているのは、属人的な感覚に基づいたコミュニケーションではなく、物事を正確に理解できるよう、一義的で明確な言語化を重視した方が、現在のビジネスは進めやすいということです。

このように、上司の世代からすれば、「○○まで指示したのだから、言われなくても、関連する△△や□□もやってもらいたい」と思うものです。

一方、部下からすれば「言ってくれなければわからない」「やって欲しいならそう言ってほしかった」といった世代間ギャップが、現場で地味に意識のズレや認識ギャップを生んでいます。

そこで大事になるのが、報連相の徹底です。それさえできていれば、どれだけ環境が変化しても仕事は十分に成立できるようになります。

特に若手の皆さんの中には、「上司が何も言ってくれないから、自分が仕事の中で何を求められているのかわからない」といった不満を抱える人もいると思います。

ただ残念ですが、**上司の世代に「なんでも言語化してほしい」と言ったところで、多くの場合は無理ゲーです。彼ら・彼女らはそんな訓練は受けてきてい**

ないのです。

まるでテレパシーのように、相手の気持ちを想像して配慮しながらコミュニケーションを取ってきた世代は、自分の言いたいことをすべて言語化するのは難易度が高く、どうしても「察してほしい」と思ってしまうものです。

ですから、どれだけ実績があり、優秀で尊敬できる上司にだって、ままならない点があると知るのが必要なのです。その「ままならなさ」を補完できるのが、部下であるあなたが適切に報連相を行うことなのです。

上司の世代は、言葉での明確な指示が得意ではない（ケースが多い）

現状4　世代ごとの価値観の壁は低くなってきている

とはいえ、もちろん現在の管理職の中にも、以上のような傾向とは異なる変化も生まれてきています。

博報堂生活研究所の調査によると、近年では生活者の意識や好み、価値観などの違いが年齢によって小さくなる「消齢化」が進んでいるとされています。インターネットで誰でも情報が手に入る今、世代ごとの壁は年々、少しずつ低くなっていると言えるのです。

私も実際、言語化能力に長けていて、若手以上にITツールを使いこなしながら部下と円滑にコミュニケーションを取る40、50代を何人も見てきました。なかには、1人で10人以上の部下を正確に管理・評価しながら、自身もバリバリ成果を出しているスーパーマネージャーもいます。

ただ一方で、未だにZOOMでのやり取りを面倒くさがり、「リモートワークは社員がさぼるから、全員出社だ！」と独断で決めてしまう管理職も存在します。

何が言いたいかというと、**マネジメントのあり方も、コミュニケーションの取り方も、世代の差よりも個人差が大きくなってきている**ということです。

そんな上司にうっかり当たってしまった場合、文句の1つも言いたくなる気持ちはわかりますが、「上司ガチャに失敗した」とこぼしているだけでは、現状は1ミリも変わりません。

現在のビジネスで結果を出すためには、上司世代の特性を知り、部下の立場から報連相を通して働きかけることで、どんな環境でもうまく立ち回り、評価を得ていくスキルが欠かせないものの1つなのです。

マネジメントも、コミュニケーションも、個人差が大きくなっている

上司が抱えている仕事量を知る

また、メンバーとして働いていると見えづらいですが、部下をマネジメントする上司は思っている以上に多くの仕事を抱えているのも忘れてはいけません。

特に、中間管理職の業務守備範囲は非常に広く、これまでの経験やスキル、知識などを総動員しながら仕事を進めているのも理解しておく必要があります。次に挙げるのは、中間管理職の人が主にやっていることです。

マネジメントで上司がやっていること

①目標設計・管理

目標設計と管理目標を達成するために、自部署の仕事を設計し管理する

②スケジュール管理
目標に対する全体スケジュール設計と進捗管理や軌道修正
③チーム管理
チームでの情報共有、円滑なコミュニケーションの推進
④メンバー管理
メンバーへの業務の割り振り、目標達成度合いの管理
⑤フィードバック
メンバーに対する評価や改善点、強み／弱みのフィードバック
⑥メンタルヘルス対応
メンバーの心身の健康管理、モチベーションの管理

これらの管理職の仕事を大きく分けると、メンバーのモチベーション管理や育成、プロセスの評価といった「ピープルマネジメント」と、メンバーへの仕事のアサインやタスク管理、進捗管理を行う「プロジェクトマネジメント（タスクマネジメント）」の2つがあります。

「ピープルマネジメント」は部下の育成や動機づけを中心とした管理を行うイメージで、仕事内容もわかりやすいと思います。物言わぬプロジェクト（タスク）のマネジメントよりも、感情を持った人を動かすピープルマネジメントの方に難しさを感じる人もいるようです。

ただ、ピープルマネジメントは重要ではあるものの、緊急性が高いことが起こる可能性は比較的低いという特徴があります。

と言うのも、人の育成は長い道のりで、1日何か指導を行っただけで劇的に成長するわけでも、逆に1日置いたらもう腐ってしまうわけでもありません。

部下のキャリアについて考えるのも、今日明日で何かを決めなくてはならないわけではありません。長く一緒に働く中で、上司は部下のキャリア観を理解することで、この人にどんな仕事をアサインすれば良いのか、次に異動をするのであればどこがいいのかを考えれば良いのです。

一方、プロジェクト全体を管理する「プロジェクトマネジメント」では、緊急性

プロジェクトでは、必要な作業を階層化して進められていく

作業分割図 WBS：Work Breakdown Structure

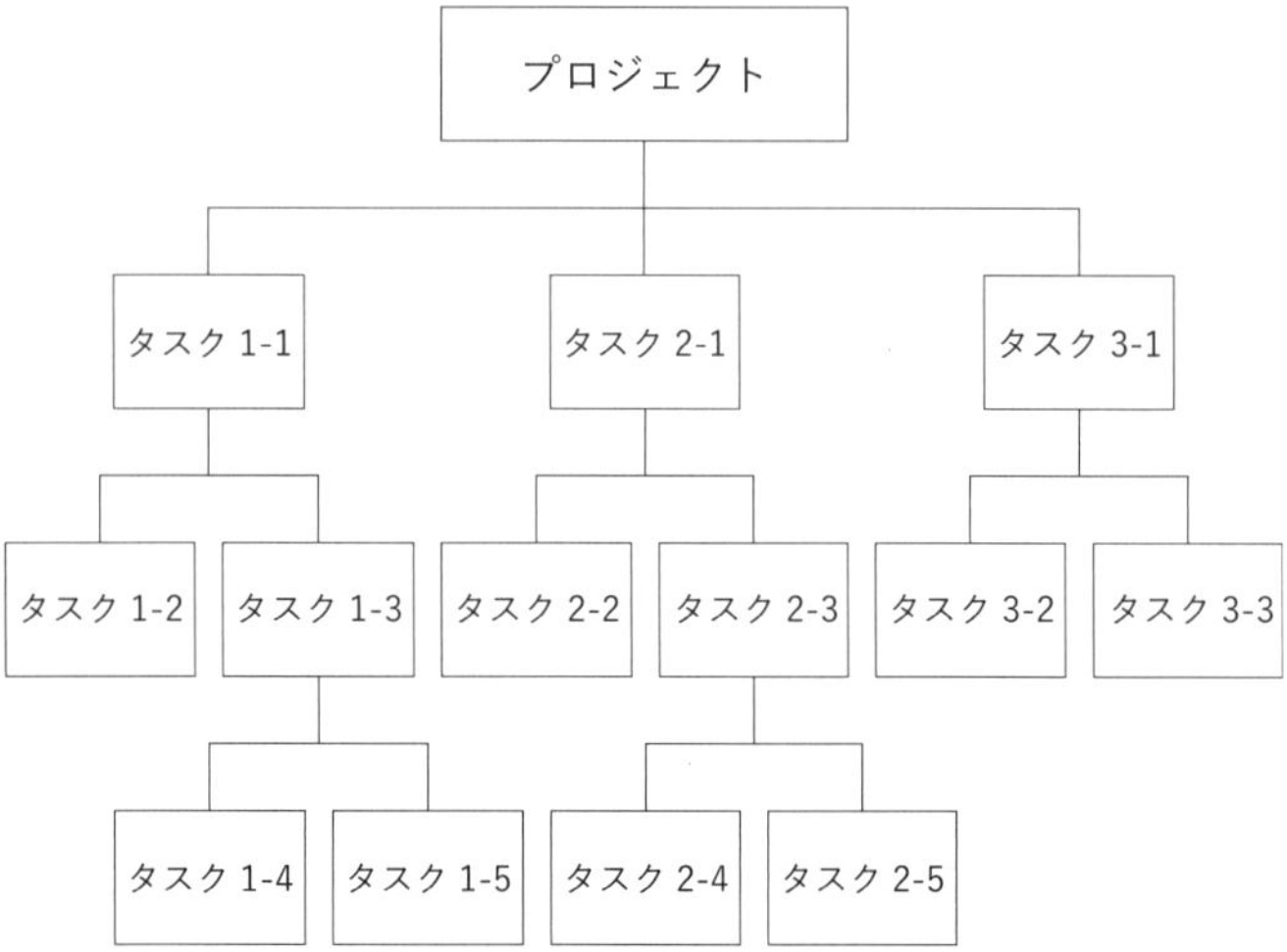

が高いトラブルが起こりがちです。

プロジェクトマネジメントは、細かい分業やスケジューリングなどで構成され、管理職は誰しも「細かいピースを組み合わせて、プロジェクトという大きなパズルを完成させる」緻密な作業を行っています。

そして、「この業務は難易度が高いから、ベテランのAさんに任せる」「この業務は少しチャレンジングだけど、今後の成長を期待しているBさんにお願いする」など、1つひとつのピースの特性とメンバーの志向やスキルを考えながら細かく振り分けていきます。

プロジェクトで行うべきこと（作業・

役割）を見える化し、割り振る際には、次の図のようなプロジェクトの作業を階層的に表現した管理手法として、「ＷＢＳ」（Work Breakdown Structure ＝作業分解構成図）が用いられるケースがあります。見てわかるかと思いますが、まさにパズルのようですよね。

これはあくまで概念図ですが、実際のプロジェクトでは下の階層がもっと多く枝分かれしているケースが大半です。

たった一度の報連相漏れが、プロジェクト全体を滞らせる

「パズルのピースの組み合わせ」として、１つの例をご紹介します。

私がリクルートで採用マネージャーを務めていた頃、新卒採用は約2万人以上の応募がありました。そこから１００人に絞って採用するというタスクが、採用マネージャーだった私が毎年抱えていた重要なミッションでした。

当時の採用選考では、はじめに書類選考とＳＰＩで半数に絞り、約1万人の学生

面接の日程調整のように、たった1回の報連相漏れで
仕事をゼロから組み直すケースも

を一次面接に呼んでいました。選考スケジュールを考えると、一次面接に割ける期間は10日間。つまり、1日あたり1000人の学生を面接しなければならない計算になります。

学生4人に対し、面接官1人で見るグループ面接をすると、1日当たり250枠。1枠1時間として、1人の面接官に5枠を担当してもらうとすると、1日当たり面接官を50人も現場から駆り出さねばなりません。

つまり採用部門は、1日当たり50人の面接官（しかも結構忙しく働く社員ばかり）と、1000人の学生×10日間のスケジューリングを滞りなく行わなければなりません。
こういう細かい計算も、マネージャーがウンウン唸り頭を抱えながら行い、緻密なスケジュールを引くわけです。

もちろんメンバーと分業して面接官をアサインし、1万人の学生へ連絡をしていきますが、全体のスケジューリングは採用マネージャーの私が行い、いざというときの責任もすべて私が負うことになります。
面接官と学生に「○日の○時に一次面接に来てください」と連絡をしても、学生からは「学業（他社の面接）と被っているので、別の日にしてほしい」、面接官からは「その日は本業のアポが入っている」と相談されれば、その都度1件ずつ細かい再調整を余儀なくされます。

こうしてようやく、1000人の学生の面接日がすべて組み合わさった！　と思っても、社内での報連相漏れ1つで、大幅なスケジュール管理のやり直しが起こったりするのです。

一次面接の例で言うと、面接官から学生への電話連絡がうまく進まず、1日250枠を埋めるべきところを、直前になって100枠程度しか埋まっていないという事実が発覚したことがありました。すでに面接官は手配済みなので、このままでは150枠分の面接官を余らせてしまいます。

もし、その事実をもっと早く報告してくれていれば、学生との面接をセッティングするアポ取り要員を増強することで、250枠は埋められたはずです。

最悪でも前日までに判明していれば、あらかじめ50人の面接官に「この日の一次面接は1対4ではなく、学生が2人になるので、その分1人ごとに質問を掘り下げていただけますか？」といった連絡ができ、面接を有意義なものにできたかもしれません。

しかし、あまりにも直前の報告では、そんなリカバーもできませんでした。そもそも、1万人を面接するだけでもスケジュールは詰まっているので、この日の「一次面接枠150人漏れ」が大きく響き、全体の採用スケジュールも大幅に見直さざるを得なくなってしまいました。

上司が最も嫌なのは「想定外の事態が突然起こること」

このように、思いもよらぬところからプロジェクトの見直しを行うことになり、結果として責任者である私は様々な事業のトップに頭を下げて追加の面接官を出してもらい、採用チームにたくさんの残業をしてもらって、足りない面接数をなんとか埋め合わせました。

このような人事採用責任者として大きな規模のプロジェクトを率いた経験からお伝えできるのは、**プロジェクトを細かく分け、緻密な計算のもとスケジューリングをしていく管理職にとって、最も避けたいのは「想定外のことが突然起こること」です。**

多くの管理職は心から賛同してくれると思いますが、面接の前日に、250枠のうち100枠しか埋まっていないことが発覚する、なんて想定外のバッドニュースは、絶対に遭遇したくはないものです。「報連相さえしてくれれば何かしら手を打てたのに、何してくれてんねん！」と文句の1つも言いたくなります。

こうなってしまうと、報連相を怠った部下に対して疑心暗鬼にならざるを得なくなるのも当然のことです。

「この日の面接はどうなっているの？」「面接官は押さえられたの？」「学生何人に電話したの？」など、すべてを逐一確認したくなってしまいます。

たとえ部下から「順調に進んでいる」と言われても、また同じことが起きるのは嫌なので、「順調って具体的にはどう順調なの？　数字で説明してもらえるかな？」とさらに突っ込んで確認してくるでしょう。

これがまさに、「痛くない腹を探られる」ということです。

報連相を一度でも怠れば、上司と部下のお互いにとって生産性のない、要らぬコミュニケーションコストが増えてしまうだけなのです。

報連相を怠った作業が「クリティカル・パス」だった場合

そして、その報連相を怠った作業が「クリティカル・パス」に当たるものだと、事態は余計に深刻になります。

クリティカル・パスとは直訳すると「重要な経路」という意味で、「プロジェクト内で最も全体スケジュールに大きな影響を及ぼす作業」を指します。

わかりやすく、「夕飯にカレーを作る」という工程で、クリティカル・パスについて説明しましょう。

一般的にカレーを作るには、「食材を買いに行く」「野菜を切る」「材料を炒める」「水を入れて煮込む」「ルーの素を入れる」など様々な工程が挙げられます。

その中でも時間がかかり、つい見落としがちなのは「お米を炊く」という工程です。ルーを作った後、お米を炊き忘れていたなんて経験のある人もいるのではないでしょうか。

「カレーライスを作る」工程から、クリティカルパスを考える

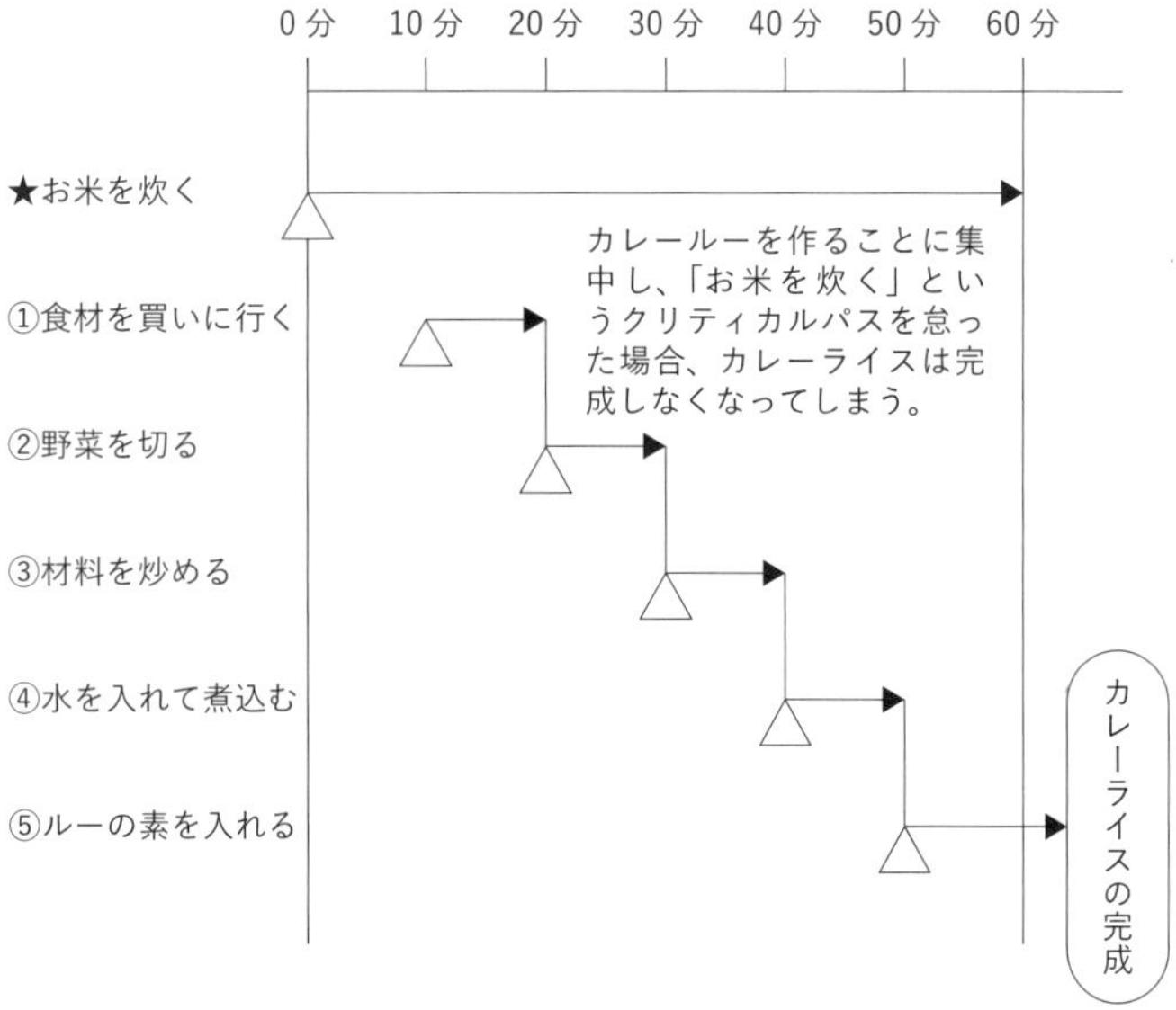

これが、「カレーを作る」というプロジェクトにおけるクリティカル・パスに当たります。

プロジェクトを円滑に進める上では、最も時間がかかり重要なクリティカル・パスに最初に着手しておく、つまり、最初に米を研ぎ、炊飯器のスイッチを押してからルーを作ることが大事です。

これと同様のことが、仕事の中で突然起きると、すべての計画が狂った上司は頭を抱えてしまうでしょう。

もしも、「ちょっと報連相が遅れただけなのに、ものすごく上司に怒られた」という経験がある人は、その業務がクリ

ティカル・パスだった可能性大です。

仕事の大枠を抽象的に把握できていない若手の、「大して重要な仕事ではないのに」「ちょっと遅れただけなのに」という自分本位のゆるい認識が、実はプロジェクト全体を滞らせてしまっていたのかもしれません。

私の経験で言うと、例えば採用活動におけるクリティカル・パスは、採用活動のピーク時に必要なマンパワーの確保です。

社内の協力者はもちろんのこと、アウトソーサーなどの外部パートナーの手配など、事前に手配しておかなければなりません。というのも新卒採用のピークはどこの会社も同じで（しかも期末などの事業の忙しい時期などとも被り）、採用にかけるマンパワーは「取り合い」状態だからです。

ですから、悠長に机上の採用計画を立ててから、ようやく人員を確保していては、もう頼れるマンパワーはなくなってしまうようなこともあります。むしろ、最初に確保できるマンパワーを測っておいてから、それを前提とした計画を立てなくてはならないのです。

このように、仕事の進め方には、先にやっておかなければならないクリティカル・パスがどんな場面にもあるのです。

とはいえ、自分に割り振られた業務がクリティカル・パスかどうかは、プロジェクト全体を把握し切れないメンバーにとっては判断が難しいものです。そこで、無用なトラブルや評価ダウンを避けるためにも、こまめな報連相をしておく方が有効な手段です。

仕事が遅れていたり、トラブルが起きたりすると、「怒られそうだから言いたくないな」と報連相を先延ばしにする人や、うやむやな状況のまま業務を済ませようとする人もいますが、これは完全に逆効果です。

業務上のトラブルやミスへの対応は、管理職の重要な仕事の1つです。ある程度のトラブルは「起こり得るもの」として想定の範囲に入っています。

遅れやトラブルが判明したら、すぐさま報連相して対応を仰ぐことが、自分の仕事を守ることにつながるのを忘れてはいけません。

第3章

仕事のできる人が報連相でやっていること

ここまで、長くビジネスシーンで使われてきた「報連相」が、令和の今だからこそ必要な理由から、部下の側から自発的に行うメリット、上司は何を考えながら仕事をしているのかをお伝えしてきました。

この章では私が20年以上、人事として様々なタイプの社会人を見てきた中で感じた、仕事のできる人がやっている報連相の原理原則を解説します。

第1章の冒頭でもお伝えしたように、「報連相」には「報告」「連絡」「相談」の3つが含まれますが、それぞれが不可分に混じり合い、明確には分けられるものではないのが特徴です。

そこで、報連相のすべての要素に関して効果とクオリティを左右する4つの項目、「内容」「タイミング」「分量」「方法」に分けて説明していきます。

仕事のできる人はいかにして現代のビジネスや働く環境、上司の置かれた立場を考慮しながら、より効果的に上司を動かし、自らの仕事を前に進めるために何を考えているかを掴んでいただけたらと思います。

①内容──相手に合わせて「具体と抽象」のバランスを取る

まずは報連相する内容です。内容面におけるポイントは、**「具体と抽象のバランス」を取る**ことです。

報告する相手の今の仕事に関する知識量や、報連相する事柄の重要度や緊急性によって、具体的に細かく話した方がいいのか、それとも抽象的にざっくりと話すべきなのかを使い分けることが大切です。

相手が事情をよく知っていれば「抽象的」に伝える

はじめに、抽象的な内容でもいい場合から考えてみましょう。

まず、もしも報連相の相手が、その業務に関する知見をすでに十分に持ち合わせている場合は、具体的に話しすぎなくてもＯＫです。

相手がすでに知っていることを細かく話すよりも、要点を絞ってポイントだけ抽象的に伝えた方が、短時間で効率的なコミュニケーションができます。

例えば、今の部署での経歴が長い、叩き上げの上司や先輩が相手であれば、報連相される業務内容についても当然知り尽くしているはずです。

そういう相手に対し、わざわざ業務の細部まで報告しても、「それは説明しなくてもわかってる」「要は何が言いたいの？」などと、かえって話の長い面倒な部下と認識されてしまうかもしれません。

業務に精通している相手であれば、簡潔かつ抽象的な報告でも十分に全容が伝わります。

採用活動の例で言えば、「スカウトメールの送付が目標の1日100通に対して、昨日は10通届きませんでしたが、明日挽回できます」くらいで大丈夫です。

というのも、百戦錬磨の採用マネジャーであれば、スカウトメールを打つのにかかる時間や、任せている採用担当者の時間の余裕度など、言われなくとも簡単に想像がつくからです。

仮にわからないことがあった場合でも、向こうから「それは具体的にはどういうこと？」「なぜそうなるの？」と突っ込んで聞いてくれるはずです。そう聞かれた時に詳しく具体的に話せばいいのです。

「具体的」に伝える場合①　相手に知見がない

一方で、細かく具体的に話した方がいい場合も考えてみましょう。

まず、報連相の相手が上司でも、別の部署から異動してきたばかりの人などであれば、自分より業務経験が浅いケースもあるでしょう。その場合は、背景を含めて具体的に報連相をしましょう。

例えば、長く営業をしていた人が出世し、人事部長や経営企画部長といったスタッフ部門のトップに抜擢されるケースは珍しくありません。このような場合、現場で採用経験を積んだ若手や、すでに経営企画に携わっている同僚の方が業務に詳しいのは当然のことです。

このような上司に対し、抽象的な内容で報連相をしてしまうと、そもそも何を伝えられているのか、その内容がいいか悪いかも判断できなくなります。

なかには「上司に対して基本的なことを説明するのは失礼」と思われるかもしれませんが、上司は何でも知っているなんてことはあり得ません。むしろ、「これくらいは知っていますよね」という態度で接する方が失礼です。

私の経験ですが、リクルートからライフネット生命に転職した際、就いた役職は「総務部長兼経理部長」でした。私の専門は人事でしたが、ベンチャー企業に転職した結果、管理部門全体を見ることになったのです。これまで簿記の勉強を本格的にしたこともなく、経理業務に関しては無知でした。

ただ、幸いなことに部下の1人が公認会計士の資格を持つ経理マネージャーでした。彼が逐一、超具体的に私に対して報連相をしてくれたので、その都度正しい判断のもとハンコも押せたし、稟議《りんぎ》も通すことができました。

ここで言う「超具体的に」とは、何かしらの判断をする際に、**どのような背景の上で、どんな原因で問題になっていて、それに対してどのような選択肢が考**

えられるのか。そして、それぞれの選択肢のメリット・デメリットは何で、自分はどのような理由で、どの選択肢がいいと思うのか。そのくらい具体的なレベルでのコミュニケーションが必要です。

「超具体的」な報連相とは、例えば、

「今回の採用目標を実現するために、使うチャネルは人材紹介会社経由に絞ろうと思います。選択肢としては、広告やスカウトメディア、リファラルがあるのですが、広告は採用決定をしたい時期的と制作の準備が間に合いません。スカウトメディアはデータベースから検索をしてスカウトメールを1日100通打つのが目標に対して、今の体制ではそのマンパワーを確保できません。リファラルは最も時間のかかる手法で、中長期的には実施できる体制を作っていきたいものの、短期間に少人数を採用するという今の目標に対してはそぐわない状況です。そのため一旦見送りたいと思います。このように考えて、今回は人材紹介を活用できればと思うのですが、問題ないでしょうか」

報連相の基本は、上司が判断しやすいよう
「超具体的に」行うこと

というようなイメージです。

これを「今回は人材紹介会社だけでも良いですか?」と聞いてしまうと、採用活動に慣れていない新任マネジャーは「なんで?」「どういう理由で?」と困惑して、良いも悪いもその情報では判断できない、となることでしょう。

部下の側からすれば、もしかすると「こんなレベルまで上司に伝えないといけないのか」「こんなことも上司はわからないのだろうか」と頼りなく思うかもしれませんが、相手が業務について詳しくなくても上司であることには変わりません。相手のレベルに合わせ、具体的に伝えることを意識しましょう。

そもそも、上司が部下よりもすべての領域に詳しい状態でいる必要はありません。**上司の大事な仕事の1つは「判断すること」で、専門知識を自ら保持することではないからです。**

こう考えると、自分よりも特定の領域で上司が知識を持っていないからと言って、バカにするのはお門違いです。むしろ、上司のその領域での知識レベルに合わせて報告するのが、できる部下の象徴なのです。

「具体的」に伝える場合② 業務がうまく進んでいない

次に具体的に報連相すべきなのは、その業務がうまく進んでいないケースです。

部下に仕事を任せたとしても、その結果責任を負うのは上司です。時には、直属の上司よりもさらに上の上司から叱責されるかもしれません。

ですから、業務がうまく進んでいないとなれば、上司は警戒しながらその部下に関心を持つことになります。

何らかの原因で予定通りに業務が進んでいなければ、何がどううまくいっていないのか、問題の根の深さはどの程度なのか、危機的なのか取り返しのつくものなのかなど、具体的な事実を細かく伝え、上司に現状を把握してもらう必要があります。トラブル含みであればなおさら、具体的な状況を整理して伝えれば、上司は的確な指示を出しやすくなり、フォローにも入りやすくなります。

もしかすると、若手であれば「何がどううまくいっていないか」に気づけない人もいるでしょう。ベテランなら数字を見て「これはまずい」と気づくところが、経験が少なければ、その兆しを見抜けないのはよくあることです。

本来は、上司には取捨選択して情報を渡すべきですが、もしその判断が難しいのなら、まずは全部情報を出しましょう。

そうすれば、**「こんなに報告しなくてもいい」と怒られたとしても、問題に気づけなかったという最悪の事態は免れることができます。**

重大な問題であるほど、上司に嫌がられても情報量多く報連相することで、相手に気づいてもらうしかありません（ただ、もちろんそんな状況をしないように、仕事に熟練していくべきなのは前提です）。

たまに、任された仕事はなんとか自分だけで問題をリカバリーしたいと考える人がいますが、そのほとんどは逆効果になります。

任された仕事を独力でやり遂げることと、現状起こっているトラブルを伝えないでおくことは別の話です。問題が起こりそうな現状を伝えた上で、「なんとかこの仕事をやり遂げるので、最後までやらせてください」と伝えればいいだけで、まずは詳細に上司への報連相を行うことが大事なのです。

「具体的」に伝える場合③　プロセスをアピールしたい

業務プロセスの中で特別に努力したことや工夫があった場合も、具体的に報連相を行ないましょう。

仕事の中でせっかくオリジナルな取り組みをしたのに、サラッと抽象的に説明してしまっては、いとも簡単に業務を進めたと思われてしまい、自身の仕事のアピールにつながらないからです。

そんな時は抽象的に「できています」と言うのではなく、具体的に「◯◯なことがあったのですが、こんな工夫をして、なんとか結果を出せました」などと一工夫して伝えれば、上司から適切な評価をしてもらえるチャンスになります。

繰り返しになりますが、働き方改革で勤務時間が減り、リモートワークが増えた環境で、しかも管理の認知限界を超えるメンバー数を抱えているような上司には、メンバー1人ひとりにまで目を配ってはいられません。

そのため「結果良ければすべて良し」と、成果だけで評価をせざるを得ない上司も少なくありません。もし成果以外の努力や工夫を評価してもらいたいのなら、躊躇せずにその事実を具体的に報連相した方がメリットは大きくなります。

ただ、くれぐれも成果の「盛り過ぎ」には注意が必要です。

採用の世界では「アレオレ（=あれやったの、俺なんですよ）詐欺」と言って、他人の成果をさも自分がやったかのように伝える人がいますが、全員の仕事ぶりを俯瞰して見ている上司からすれば、必ずハッタリだと気づきます。

一度、「この人は自分を大きく見せようとする人だな」「この人は話半分で聞いて

成果の盛りすぎは、相手の評価を
下げるだけなので要注意

おいた方がいいな」と思われてしまうと、その後の報連相の信ぴょう性が低くなるだけです。

そして、コミュニケーションコストが上がり、評価を下げるだけなので逆効果です。

「具体的」に伝える場合④　前例のない業務を行う

新規事業や新商品開発など、会社や部署として前例のないフロンティアな業務においても、できるだけ些細なことまで具体的に話した方がいいでしょう。なぜなら、このケースも「上司に知見がない」からです。

また、このような仕事においては、些細なことが何かの兆しにつながることもあるので、上司も部下が何をしたのかを細かく聞きたいはずです。

例えば、離職率の高さに悩む職場を調査する人事担当者がいたとします。現場を見に行き、いろいろなことを見聞きしたものの、今ひとつ離職率の高さの決定的な理由がわからない場合。そんな時には、自分の目で見たことをできるだけ詳細に伝えるのが、この人事担当者がやるべきことです。

「こんな人がこんなことを言っていた」「その発言をする時に、ちょっと皮肉そうな顔を浮かべていました。理由はわかりませんが」「職場が雑然としていて汚れていたのが気になりました」など、上司に「それで?」と解釈を聞かれたとしても、気になったことはすべて言うしかありません。

部下の立場からすれば、取るに足らない事象だとしても、ビジネス経験値の高い上司の目から見れば、実は重要な兆しだったりします。「そんな兆しがあるのなら、もしかするとこんな可能性も考えられるのでは?」と思わぬ助言が得られ、ゼロイチがスムーズに進む可能性もあります。

このような場合には、自分としては「ちょっと伝えすぎたかな」と思えるくらい、相手がその場にいるかのように細かく情報を伝えると、上司から喜ばれます。

②タイミング──「業務の息継ぎ」を見定める

報連相を行うタイミングも、重視したいポイントの1つです。

相手の上司の業務の中で適切なタイミングで行わなければ、自分の話を真剣に聞いてもらえず、要らぬトラブルを招く恐れもあります。その中で気をつけたいポイントを解説します。

どんな仕事にも「息継ぎ」のタイミングがある

仕事の中身を分解すると、「作業全体の流れ」「タスク」の2つからなります。

法人向けの新規開拓営業を例に取ると、仕事は次のような基本的な流れが考えられます。

①自社商品やサービスのニーズがありそうな企業のリストアップ
②リストアップ企業について調べる
③リストをもとに電話やメールでアポイントを取る
④ニーズをヒアリングする
⑤ヒアリングをもとに提案書をまとめる
⑥商談
⑦受注
⑧納品
⑨納品後のフォロー

この流れの中に、報連相ができるいくつかの「息継ぎポイント」があります。

息継ぎのタイミングで報連相を行えるようになると、上司と部下お互いの仕事の手を止めず、生産性の高い状態で業務が進められます。

報連相は、ある程度のパワーと時間が必要な業務です。その中で、息継ぎポイントではないタイミングで報連相を行ってしまうと、業務が途切れてリスタートするのに時間がかかり、生産性が落ちてしまいます。

先ほどの新規開拓営業の例に戻ると、リストアップからアポ入れまでは、間をおかずに一気にやってしまった方が効率的です。

なぜなら、リストアップの選定基準が頭の中に残っているうちに企業調査とアポ入れを行えば、「A社とB社は業態が似ているから、まとめて調べておこう」「同じようなトークができるので、同じ日に電話をかけた方がスムーズにアポが取れそうだ」と効率を考えながらスケジューリングができるからです。

しかし、例えばリストアップの後や企業調査の後に息継ぎをする（＝次の業務との間隔を空ける）と、「このリストってどういう基準で選定したのか」「この企業はどんな業態で、どんな課題を抱えているのか」と前の工程の記憶が薄れ、もう一度全体を見直して記憶を呼び戻すフローを挟んでしまいかねません。

このように、**自分の業務のどこが息継ぎポイントになるのか見定めるには、「いったんその仕事から離れても、容易にリスタートできるかどうか」で判断**

すればいいでしょう。

前述の場合なら、アポ入れまでは一気に行ってしまえば、次は獲得したアポの順に訪問すればいいので（訪問前に、個社の情報をおさらいする必要はありますが）、業務から一旦離れてもリスタートは容易です。

そして、「ニーズをヒアリングする→ヒアリングをもとに提案書をまとめる」はできるだけ一気に行い、その後に息継ぎをして商談に備えるといいでしょう。

上司の「息継ぎタイミング」を予想する

ここまで説明したように、当然ながら上司の仕事にも「息継ぎタイミング」が必ずあります。

それを考慮しないまま報連相のタイミングを見誤ると、「仕事を止めたくないタイミングに声をかけられ、思考が途切れた」「業務を中断させられた」などと感じさせてしまいます。

もちろん、突発的なトラブルが起きた場合は、タイミングを気にせずに伝えるのが大事です。しかし、普段の業務報告をその都度細かくに行えば、「タイミングが読めないヤツだ」と印象が悪くなる恐れもあります。

今はＧｏｏｇｌｅカレンダーなどを用いて、一緒に働く人のスケジュールをオープンに見られるようにもなっています。なので、基本的には上司のスケジュールを見ながら報連相を行うタイミングを判断すればいいでしょう。

例えば「夕方から重要な経営会議が入っているから、今はその準備で忙しそうだ」「午後は比較的空きがあるから、ランチから戻ってきたら声をかけてみよう」など、ある程度タイミングを見計らうといった工夫ができます。

とはいえ、スケジュールだけでは上司の仕事の全容や忙しさは予測しきれません。スケジュールの登録はスカスカだけど、突発的な業務でバタバタしていることだってあるでしょう。

なので、最終的には上司の様子や表情などが見える場合は、「今なら少し余裕がありそうだ」と思えたときに、**「5分ほど報告のお時間をいただいてもいいでし**

ょうか」と聞くようにします。

ただ、タイミングに関しては気を遣いすぎなくていい側面もあります。

上司の仕事をすべて把握できるわけはないですし、上司も本当に忙しい時に部下から報連相をされたとしても、「ごめん！　今ちょっと手が離せないので後でもいいかな」と言われるだけです。

上司の様子が計り知れないのなら、遠慮なく報連相を行うのがベストです。

上司の機嫌をとる

最後に、極めてくだらない「非本質的」な話をします。それは**「上司の機嫌がいいタイミングを狙う」**のも、報連相を行うタイミングとして大事なポイントということです。

普通に考えて、上司の機嫌がいいときの方が提案は通りやすく、ネガティブな共有事項でも受け止められやすいのです。

私が若手だった頃の上司に、筋金入りの阪神タイガースファンがいました。仕事はできる人でしたが、阪神が勝った日の翌日は実に機嫌が良く、ボロ負けした翌日は明らかにイライラする、そんな気分のムラがありました。そんな上司と気持ちよく仕事をするためにも、いつも阪神の試合結果をチェックしました。

その上司の特性に気づく前は、機嫌が悪い時に報連相すると、いい内容は悪気なくスルーされ、ネガティブな内容を伝えるとめちゃくちゃ怒られていました。

このような、ある意味わかりやすい上司ならいいですが（よくありませんが）、「自分では上司の機嫌の根本がわからない」という場合は、上司の腹心に当たる同僚や、かわいがっている部下に聞くのが有効です。

特に悪い報告や、相手に手間をかける相談ごとは、上司の機嫌を測った上で報連相を行うようにしましょう。

機嫌が悪い時に伝えると、必要以上に失敗を責められたり、「それぐらい自分で考えろ！」と怒られたりするかもしれません。もちろん、上司が感情のままに怒るのは本来いけないことですが、誰にでも虫の居所が悪いときはあります。

これは処世術に近いものですが、思いのほか仕事に大きな影響をおよぼすので覚えておきましょう。

ネガティブなことを伝えなければいけない場合

とはいえ「上司の機嫌が悪いタイミングに限って、大失敗を起こしてしまった」なんていうのも仕事ではよくある話です。

そんな時は、少し大げさなぐらいに平身低頭で謝ることです。単純な方法ですが、その方が上司の信頼を損ねる可能性も低くなるはずです。

特に私の場合、「頭1つ下げるくらいで実効的なメリットがあるなら、いくらでも下げる」タイプなので、そんな風に考えています（自分のポリシーに触れるようなことでは頭を下げはしませんが）。

ネガティブな報告をする際、こう考えると危ない2つのパターンがあります。

1つ目は、あえてサラっと事実だけを報告する人です。

その意図としては、下手に大げさに受け取られて、必要以上に怒られたくないからだと推察しますが、上司の機嫌が悪い時は逆効果でしかありません。「**なんで失敗した当事者なのに、そんな普通でいられるんだ？**」と怒りを増幅させてしまうだけでしょう。

2つ目は、失敗を自分だけの解釈でポジティブに変換してしまう人です。

特に若い人の中には、「失敗してしまったのは事実だから、後はどう対処すればいいか考えるのが大切。どのような伝え方をしようが関係ないだろう」などと思う人もいますが、ビジネスにおける失敗やトラブルは、どんな時でも優先対応度の高い重要事項であることを忘れてはいけません。

サラっと何事もないように伝えられれば、「**この仕事を軽く考えているのではないか？**」とネガティブに捉えられるだけです。

報連相の相手が、ネットによって常に同期された環境下でのコミュニケーションを通して、「空気を読む」感受性を鍛えてきた「X世代上司」ならなおさらです。

私自身、長く人事として仕事をする中で、失敗をサラっと報連相してしまった挙句、めちゃくちゃ怒られている人をたくさん見てきました。なかでも、

「適性検査の結果を転写する際に、1行間違えていました。直しておきました」

という報告を自分自身が受けた際には卒倒しそうになりました。

適性検査の行がずれてしまっては、個々人の成績が「全部」違うということで、それで合否判定をしてしまうのは大変な事態です。すぐに全部チェックしてやり直さなければ、採用活動自体が失敗してしまうほどのことです。

にもかかわらず、報連相をしてきた部下は焦る様子もなく「直したからいいだろう」という顔をしていたので、私は叱責しました（確かにその後チェックしたら、問題は解消されていたのですが）。

その時、私はミスに対して叱責したのではなく、それを大事だと捉えていないことに対して、想像力や責任感が欠けていると感じたので叱責したのです。そうでな

ければ、同じような大きなミスをしてしまうと思ったからでした。

③分量──基本は「結論ファースト」で短めに

ビジネスにおけるコミュニケーションすべてに当てはまりますが、報連相も「結論ファースト」が基本です。特に、すでに上司から信頼されている場合は、「何があったのか」「どう進めたいか」と結論を報連相するだけでOKです。

仕事においては何事も、"Time is money." "Speed is power." なのです。

報連相の分量をイメージする際にわかりやすいのは、「エグゼクティブサマリー」です。

その名の通り、これは企業の役員クラスへ報告する際に添える、最も伝えたいメッセージをまとめたサマリーを指し、分厚い報告書の内容を1枚で伝える際などに使われます。

忙しい役員クラスの方はとにかく時間がないので、まずはサマリーで結論を理解し、もっと詳しく知りたい部分は報告書の本文から読み取っていきます。
報連相もこれと同様に、まず結論（サマリー）を伝え、必要があれば質問に対して細かく答えていくように、「階層的に話す」ことを意識すると、忙しい上司にも的確かつ最小限の時間で伝えることができます。

エグゼクティブサマリー的報告の例

① **結論**	営業していた案件を失注してしまった
② **背景**	市況の変化により、当初の予算よりも下がってしまった
③ **実際に起きたこと**	・競合とバッティングし、B社が受注した ・B社の方が安いプランで提案していた ・今回の判断軸は、②の背景から「予算」が重要視されていた
④ **私の見解**	今回は失注したが、引き続き関係構築を続けて再提案を行っていきたい

④方法──伝える内容でツールを使い分ける

報連相の方法、つまりどんなメディアやチャネルを使って伝えるのかについては、口頭で行う方法や、チャットやメール（ドキュメント）で行うことが挙げられます。それぞれに向き・不向きがあるので1つずつ解説します。

(1)口頭

まず、口頭でリアルタイムな報連相が必要なケースです。これは対面でも電話などでも構いません。

特に必要なケースは、「失敗やトラブルなど緊急の案件」「すぐに上司の指示を得ないと次の工程へ進めない案件」の場合は、口頭で伝えるのが一番早くて確実な方法です。

上司がオフィスにいるならすぐに声をかけ、どちらかが外出しているならば電話をかけて、リアルタイムで直接会話し、状況を説明して判断を仰ぎましょう。

また、トラブルが起きているのがクリティカル・パス（第2章参照）であれば、なおさら**「口頭ですぐに報連相」**が必須です。

その際、上司から受けた指示通りにすぐ行動するとともに、チャットかメールで証跡を残しておくのも報連相をした立場の大事な務めです。「いただいた指示通りに◯◯します」「進めていいと言っていただいたので△△しました」などと送っておけば、後に混乱や行き違いを防ぎ、仕事を振り返る際もラクになります。

なお、逆にものすごく重要度が低く、チャットやメールで証跡を残す必要もないぐらいの些末な報連相の類い（例えば「次回の会議のお弁当は生姜焼き弁当を注文しました」「お茶は各自で用意してきてください」）も、口頭で行った方が簡単でしょう。

(2) チャット

口頭による報連相の代わりになるのが、ＬＩＮＥやＳｌａｃｋといったテキストチャットです。

特に、どうしても直接の連絡が取れないけれど、至急一報を入れておきたい場合、まずはチャットでの報連相を優先しましょう。メールよりもすぐ目に入りやすいので、口頭に準ずるスピードで伝わります。

また、上司がどうしても手が離せず、電話にも出られない場合でも、チャットなら最速で見てもらえる可能性があるでしょう。口頭で取った確認や指示された内容の証跡として残すのにもチャットは便利です。

なお、「既読がつき、読んでくれたかどうかわかるから」という理由でチャットを活用する人がいますが、**口頭での報連相ができる環境で、緊急時など口頭で伝えるべき際にチャットを使うのはおすすめしません。**

既読になったからと言って、相手は報連相の内容まで理解してくれているかまではわかりません。単にチャットツールを立ち上げているだけで、実際には読んでいない可能性もあります。

重要な事柄ほど、口頭をメインに、チャットはあくまでサブとして使い分けるようにしましょう。

ちなみに、チャットは実はクリエイティビティを高める効果があるとも言われています。特に同調圧力の強い日本人は、対面での会話では周りの顔色を伺ってしまい、意見を言いにくいけれど、チャットであればアイデア出しやブレストに参加しやすい、という人が多いのです。

実際に、チャットを使ってブレストをすると、同調圧力がかかりにくく、コミュニケーションがフラット化するという研究結果もあります。

したがって、それほど緊急ではない案件の相談は、あえてチャット上で行うのも1つの方法です。上司やチームの同僚、あるいは後輩から、今までにない意見やアドバイスが得られるかもしれません。

⑶メール（ドキュメント）

報連相で伝える内容の中でも、長くて複雑な話を相手に理解してもらわなければならない場合は、メールなどの文書を使うのが一番です。

メールのようなドキュメントを使うのは、伝えるべき内容を1つずつ端的な文章に落とし込み、誤解がないよう口頭で説明しながら報連相する際に向いています。長くて複雑な話を口頭で行ってしまうと、上司にもよりますが、途中で話についていけなくなったり、何度も同じ説明を繰り返すはめになったりします。特に、新規事業の相談や、上司があまり明るくない領域についての報連相であればなおさらです。

また、何度もやりとりが発生し、記録を取っておきたい際もメールが有効です。この場合、チャットだとやりとりが流れてしまいますが、メールであればフォルダ分けして整理するのも簡単です。このあたりはチャットシステムの進化によって、メールで行う必要はなくなっていますが、上司世代はまだまだメールを使っている人も多いので、相手に合わせて使い分けるようにしましょう。

ただ、このようなドキュメントでの報連相は、文書として残しておかねばならない複雑な内容の場合のみで、現代では必要性がなくなりつつあります。

基本的には上司から要請されたり、トラブルが起きた際の経緯書や始末書をまとめたり、営業の日報や週報をまとめたりするような場合だけ、この方法を使うようにしましょう。

報連相の素朴な疑問と対応法

きちんと報連相しているはずなのに、仕事がうまく進められず、なぜか怒られる。いつの時代にも、こうした仕事に関する素朴な疑問や悩みはあるものです。仕事をする中で、なぜうまくいかないのか、何が原因なのか、どう対応すればいいのか。ここからは報連相と関連した、代表的な「あるある」と対応法をご紹介します。

疑問① 報連相しているつもりなのに「なぜ報連相しないんだ」と注意される

最も単純な疑問として、ちゃんと報連相しているのに、上司から「なぜ報連相しないんだ」と言われるのは案外多いようです。

私自身も部下に同じ言葉を投げかけ、「この前、報告したじゃないですか」と言われたことも何度かありました。しかし、自分としてはまったく覚えがありませんでした。ただ調べてみると、チャットでほんの数行だけ共有されていた、などというケースが多いのではないでしょうか。

管理職や経営者の多くは、「重要なことは口頭で強調して言ってもらいたい」、あるいは「せめて自分が印象に残るように伝えてほしい」と思っているものです。

繰り返しになりますが、上司は部下が思っているよりもずっと大量の仕事を抱え、毎日分刻みで動いていることも少なくありません。

そんな上司を動かすために、チャットでひと言だけ共有されても、ほとんどの上司は私のように見逃してしまうでしょう（もちろん見逃さない方がいいのですが）。

そして、「反応がないけど既読になっているから、ＯＫということだろう」と自分で軽く判断しないのも大事です。もしも上司からあるはずの反応がなければ、必ず見てもらったかを確認しましょう。

多くの場合、ＯＫだからスルーしているわけではなく（そうであれば「ＯＫ」と伝えるのが普通です）、目に入っていないか、見逃してしまっているだけです。

忙しい上司の場合、たとえ口頭での報連相でも、「立ち話でひと言」程度の内容は聞き逃してしまう可能性も考えられます（本当はちゃんと部下の話を覚えておかなければならないのですが）。

相手がきちんと理解したかどうかが確認できるまで、報連相は終わっていないという意識が大切です。

疑問②　「報告しなさい」と指示されたのに、「こんなことまで伝えるな」と言われる

報連相しろと言うから事細かく伝えたのに、こんなことまで報連相するなと言われ、一体どっちやねん！　と困惑してしまうケースも考えられます。

ただこの場合は、上司に対して不安を口にしても意味はありません。

これまでにも説明したように、上司は一度でも部下への信頼がなくす言動をして

しまうと、すぐに疑心暗鬼になってしまうものです。

そして、**求められる報連相の解像度や頻度は、相手との信頼度と反比例し、信頼されていない人はどんどん高くなっていきます。**

「逐一共有しなさい」「数字で報告しなさい」と言われてしまうのは、（どちらが悪いかは別として）、上司から部下への信頼度が低下しているサインと捉えることが大事です。

反対に、上司から「こんなことまで報告するな」と言われたということは、上司はあなたに対して信頼している証です。この人なら、細かいことまで報告されなくても問題ない、任せておいて大丈夫と思っているから、そのような発言になったと推測できます。

部下の立場からすれば、上司の言葉だけを取れば腹が立つかもしれませんが、上司が信頼してくれているからこその発言と捉え直してみてください。

そして次からは、抽象度を上げて簡潔に、結論ファーストで報連相してみましょう。必要なことがあれば、上司の方から追加の質問をしてくれるはずです。

疑問③

報連相は求められるのに、意見や提案は聞いてくれない

一見すると、このようなケースは非合理的な気もします。

ただおそらく、いくら提案しても上司が動いてくれず、聞く耳を持ってくれないということは、残念ながら、あなたの意見や提案がイマイチな可能性が高いと考えられます。

様々な場でも言われるように、**職場は学校ではありません。**

いい意見は取り入れ、ダメな意見なら取り入れないのは当然のことです。なのに、自分の提案のレベルや精度を棚に上げて、上司のせいにするのは他責思考と言われても仕方がありません。

こういったケースの場合、「自分の意見や提案を聞いてくれない」と嘆く前に、自分の意見や提案が一定レベルに達しているかどうかの認識が必要です。

いちメンバーの意見が取り上げられた過去の事例を見て、自分の意見と何が違う

のかを確認し、能力開発につなげる姿勢が持てるといいですね。

一方で、どういう基準で意見や提案、アイデアを採択しているか、言語化できていない上司世代も少なくありません。部下から意見や提案をもらっても、「なんかピンと来ないから」という理由で採用されていない可能性も考えられます。

一般的に、高い成果を上げるハイプレイヤーでも、「なぜ自分は成果を上げられるのか」を俯瞰し、言語化する能力が高いとは限りません。**仕事において、「できる」ことと「説明できる」ことはまったく違うものだからです。**

ハイプレイヤーは何をすれば成果が出るのか、1つひとつ頭で考えているのではなく、最良の方法を無意識で動いている人もあります。これは英語がペラペラな人が、英文法を意識せずに話していることにも似ています。

上司が自分の考えや判断基準を形式知化（個人が持つ情報や知識を明文化・仕組み化）できないのであれば、部下が上司を観察して判断基準を推測するしか方法はありません。

気まぐれで朝令暮改な上司は別として、ほとんどの上司は言語化できていないだけで、何らかの判断基準を持っています。

そうした考えのもと、上司の行動や判断を観察するうちに、「この人は新奇性のあるアイデアを求めているんだな」「提案の根拠や事実を重視するんだな」など、何かしらの傾向が見えてきます。それに合わせて、自分の提案内容を練り直せば、相手に聞いてもらえる確率も高まるでしょう。

疑問④ リモートワークになった途端、仕事の干渉をされてしまう

リモートワークでは社員がサボっていないか不安になる、という「性悪説」を信じる経営者や人事担当者は一定数います。

そんな心理的背景から過干渉になり、必要以上に細かく口出しをするマイクロマネジメントを行う人も少なくないようです。

この場合、前述の「疑問② 上司から信頼を得ている」状態を目指すのが1つの方法です。**つまり、上司の干渉を上回る頻度で報連相を徹底し、相手が「もう**

いい！」と音を上げるまでやり続ければいいのです。

上司はとにかく不安なだけなので、自分から大量に情報を発信するだけでも、相手は安心して干渉も緩んでくるものです。

もう1つは、報連相の際に「上司が不安になる言葉」を多用している可能性も考えられます。特に仕事を始めたばかりの人の口癖として、「～かもしれません」「～と思います」など、断定しない言い方を使う人は少なくありません。

性悪説の思想を持つ上司にとっては、こうした曖昧な語尾をつけることでより一層不安になり、干渉を強めてしまいます。リモートワークの非同期の環境であればなおさらです。

対策としては、「大丈夫だと思います」と自信なく伝えるのではなく、根拠とともに「大丈夫です」「順調です」と言い切ることです。それだけでも干渉の手を多少緩められます。

疑問⑤

「話の要点がわからない」と言われる

この疑問を普通に受け止めると、報連相の要点を絞らず、長々と報告しているケースが考えられます。

後から「これ言わなかったじゃないか」と指摘されたくないから、とにかく起こったことすべてを報告したい、報告漏れの責任を取りたくない、という意識の表れもあると想像できます。

ただ、初めから終わりまで同じボリュームで報告し続けては、時間がいくらあっても足りません。そして、長い話をするというのは、相手の時間も奪うことでもあります。

「報連相なんだから、すべて報告・連絡・相談すればいいんでしょ？」というのは思考停止の状態、責任の丸投げでしかありません。

報連相の責任は、いつでも自分自身にあります。

ここまでにも説明したように、相手から聞かれていること、求められていることに対して、責任を持って情報を取捨選択し、要点を絞って伝えるシーンは数えきれないほどあります。

その際に大事なのは、「重要な内容から階層的に話す」ことです。

まずは全体の構造を話して、それで良ければ放免される。
もし足りなければ、知りたい部分をさらに詳しく説明する。

こうした訓練を続けることで、上司が求めること、さらに言えば組織や社会から求められていることが実現できるようになるのです。

もしくは、あなたの伝え方のスキルがまだ低く、起きた出来事を時系列のまま話してしまうタイプのままであることも考えられます。

親戚のおっちゃんやおばちゃんが、

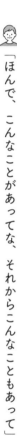

「ほんで、こんなことがあってな、それからこんなこともあって」

ビジネスのコミュニケーションで大事なのは、突き詰めるとこの２つだけ

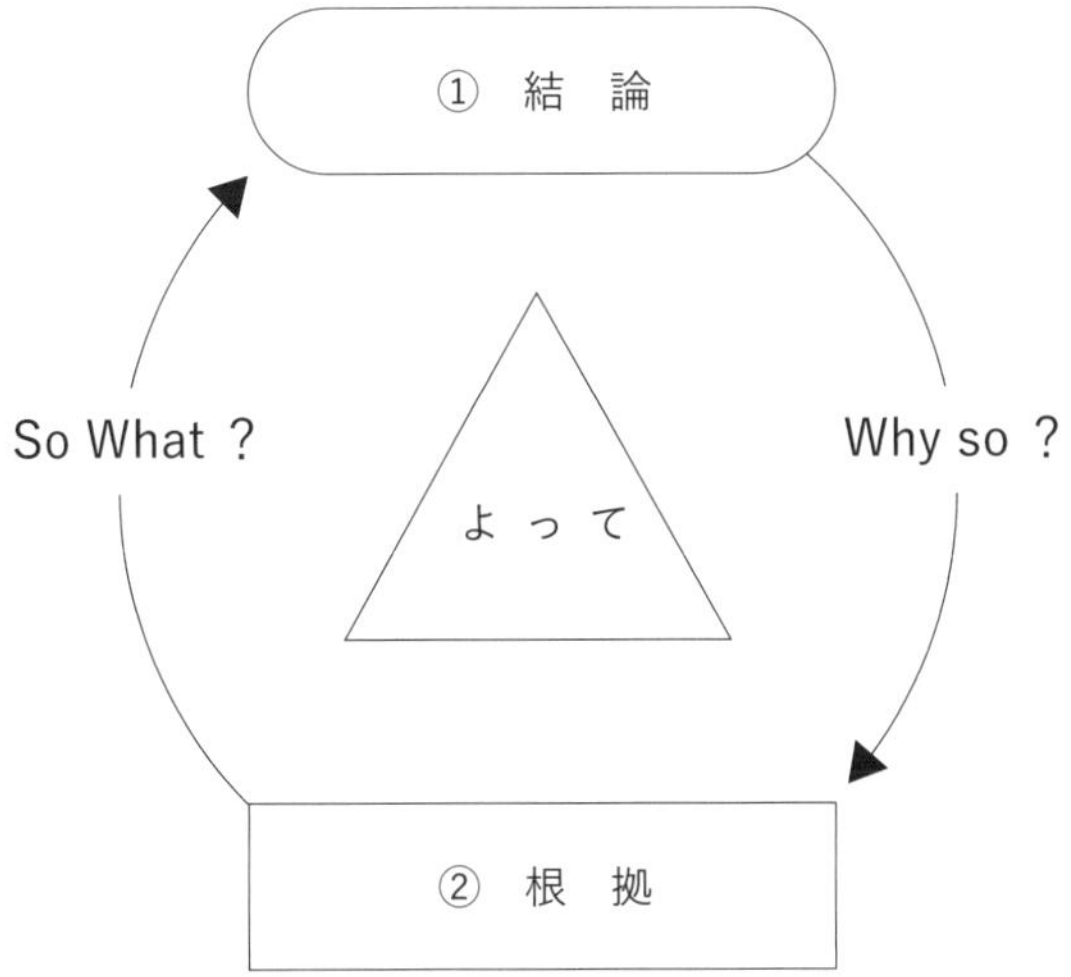

と世間話をするように、ビジネスの場でも初めから終わりまで実況中継のごとく、順番に話し続ける人が稀にいます。

もちろん、私生活ではこういった伝え方でもいいのですが、ビジネスの場ではこのような話し方ではなかなか通用しないのは当然のことです。

ビジネスにおけるコミュニケーションで大切なのは、「Why So（なぜそうなのか）」と「So What（だから何なのか）」の２点を伝えることです。

この２つが欠けていると、相手からすれば何を伝えたいのか要点がつかめません。

報連相においても、上司の判断や行動

に対してどんな影響を与えられるのか、「Why So」「So What」の順番で話を組み立てましょう。

何を伝えるにしても、この2つを常に相手は求めていると認識し、話す前に自問自答してみるのもいいでしょう。

疑問⑥ 報連相をしすぎた結果、仕事量を増やされそう

なかには、「報連相が大事なのはわかったけれど、真面目に報連相に取り組めば取り組むほど、その分相手から期待され、さらに仕事が増えてしまうのではないか」と悩む人もいるかもしれません。

まず、少し無茶で昭和的な回答をすれば、「仕事が増えることで、何か問題があるの？」ということです。

昔から「**仕事の報酬は仕事**」と言われるように、やりがいを持って働き、成果を上げている人ほど、どんどん面白い仕事が回ってくるものです。

報連相といった仕事での基本動作1つにも工夫を凝らし、目の前の仕事に一生懸

命取り組めば、その分仕事のやりがいも結果も必ずついてきます。

なので、仕事量が増えることを「不安に感じないで」というのが最初に申し上げたいことです。

しかし、実際に仕事が増えることが限界という人もいるはずです。

もし、すでにたくさんの仕事を抱えすぎて苦しいのであれば、その現状こそ上司に報連相すべきです。

1つの仕事を任せたとき、どれくらいの時間がかかり、どれくらいのクオリティで仕上がったのか。この情報の積み重ねで、上司はメンバーの力量やキャパシティを判断しています。

そして、その情報を正しく把握した上で報連相する人は、案外少ないのです。

自分の「仕事を抱えすぎて苦しいレベル」の現状共有をしていなければ、上司は「この人にはまだ余力がありそうだ」と判断し、さらに仕事を振られてしまうかもしれません。

すでにオーバーフローならば、どれくらいの業務を抱えているのか、それぞれの仕事の難易度を具体的に情報共有するのも必要なことです。

第4章

「報連相をされる側」になったら

いつか上司になる「あなた」へ

報連相を極めて、仕事で成果を出し、組織の中を駆け上がっていくと、今度はあなた自身がプレイヤーからリーダーとなり、「報連相される側」になる機会がやってきます。

日本でも海外と同様に、早いうちから抜擢人事を行うケースも増え、20代の若手であってもいきなり「報連相される側」に回る可能性は大いにあります。

例えば入社2年目から新入社員の教育係を任されたり、新人ばかりのチームを任されたりするのも珍しくありません。そうなれば、役職はつかないとしても、任される仕事での役割は管理職とほとんど変わらない可能性もあるのです。

もっと言えば、組織の中で活躍するためには、**「登用される前から、その仕事ができるようにしておく」「上司から任される前から、すでにその仕事をし始**

めている」ことが大事です。

先にも挙げましたが、阪急・東宝グループの創業者である小林一三《いちぞう》氏は、「草履取りを命じられたら日本一の草履取りになれ。そうすれば誰も君を草履取りにはしておかぬ」という言葉を残しています。

言うなれば、「報連相」という基本動作は、小林氏のいう「草履取り」と同じようなものなのです。

そしてこれは、経営者や上司の心理としてはまさにその通りです。自分はまだ上司ではないから、報連相を受ける側のことを考える必要はない、という考え方では全然ダメです。

「上司になった時にその役割をやります」ではなく、上司になる前から、上司レベルの仕事ができるようになった人だけに、「では、彼／彼女に本当に上司というポジションを与えてみよう」となるのが現実なのです。

あなたが上司になる前から、これから紹介する「報連相をされる際に注意したい9つのポイント」をインプットしておけば、将来必ず役に立つはずです。

ポイント1　自分のバイアスを認識して取り払う

人は多かれ少なかれ、自分でも気づかない偏見（アンコンシャス・バイアス）を必ず持っています。そのバイアスが、知らず知らずのうちに正確な判断を妨げてしまっていると認識しましょう。

例えば「体育会系の人」と聞くと、多くの人が無意識のうちに「元気でガッツがある」「継続力とやり切る力がある」「人からの信頼がある」などとイメージしてしまうのではないでしょうか。しかし当然ですが、実際にはそのイメージとは違い、内向的でおとなしい体育会系の人だってたくさんいることでしょう。

ビジネスにおいても、アンコンシャス・バイアスが事実を歪ませ、間違った結論を導き出してしまうケースは少なくありません。

よくあるケースが、採用で新人が入ってきた時です。例えば東大卒の新人が入ってくると、まだ会ったこともないのに「東大生なら、勉強ばかりしてきたんだろうな。対人能力は大丈夫かな」と勝手に決めつけてしまいます。

また、中途採用であれば、前職がSONYやらGoogleやらのキラキラした会社から転職してきた人を「すごい経歴じゃないか。さぞかし仕事のできる人に違いない」と考えてしまいかねません。


ただ当然ですが、本来このように人を判断してはいけません。

目の前の個人を偏見のない目で見て、そのままの彼・彼女を受け止めなければ、間違った発言や行動につながってしまいます。新人や後輩から報連相を受ける際も、このバイアスが邪魔をして判断を誤りがちなので注意が必要です。


私たちにできるのは、たとえ完全にバイアスを排除できなくても、**「自分には何らかのバイアスがある」**と理解し、意識的に取り払おうとする姿勢を持つことです。そうすれば、徐々に物事をフラットに見られるようになるはずです。

バイアスにはいろいろな種類がありますが、まずは健全なコミュニケーションの妨げにつながる5つの主要なバイアスから認識しておきましょう。

バイアス① ハロー効果

ハロー（halo）とは「後光」のことです。つまり、「1つ飛び抜けて良いところがあると、それに引きずられて全部良く見えてしまう」というものです。反対に、1つでも飛び抜けて悪いことがあれば、それに引きずられて全部悪く見えてしまう恐ろしいバイアスでもあります。

例えば、外見が美しい人を「性格もすばらしいに違いない」と思い込んだり、一流企業で働いている属性から「この人はデキる人だ」と判断してしまったりするケースです。

対策としては、1つの要素だけで十把一絡げに全体を判断せず、**相手のことは多面的に見なければ、必ず間違った判断をしてしまう**と認識することです。

これまでの経験、学歴、居住地、年収、乗っている車など、その人の属性はいったん切り離し、相手から伝えられた内容だけに目を向けることが大切です。

なお、ハロー効果は先ほども述べたように、マイナスの方向にも働きます。くれぐれも、大きなミスをしてしまった人からの報連相でも、「どうせまた同じようなミスをしているんだろう」とうがった捉え方をしてしまわないように。

バイアス② 確証バイアス

「確証バイアス」とは、自身の先入観や固定観念を肯定するために、自分にとって都合のいい情報ばかりを無意識に収集し、それ以外の情報を頭から取り除いてしまうことです。

例えば、新入社員が「大学ではラグビー部の主将をしていました」と自己紹介しただけの情報から、「ガッツがあって元気そう」「お酒はたくさん飲みそう」「逆に本はあまり読まなさそう」「勉強も好きではなさそう」など、勝手に想像を働かせてしまうのが人間の特性です。

ただ多くの場合、そのバイアスはほとんど当てはまらないことにも気づいているはずです。実際に話してみると、最初の印象とは全然違う側面が見えてくるのが人間の面白さでもあるからです。

私たちにできるのは、**限られた事実情報の中で、聞いてもないことを勝手に先入観で埋めようとしない**ことです。物事を判断する際には、先入観や固定観念に捉われていないか、今一度考えてみるといいでしょう。

バイアス③ 初頭効果

初頭効果とは、人は最初に提示された情報に強く影響されてしまう心理のことです。実際に、私たちは第一印象に左右され、それが全体評価に影響を与えてしまい、本質が見えづらくなってしまうものです。

例えば後輩から報告を受けたとき、「なんだかモジモジして頼りなさそうだ」と感じた途端、伝えられた内容も頼りなく感じて、必要以上にネガティブに捉えてしまうようなケースです。

逆に、実は影響範囲の大きいトラブルに関する連絡なのに、後輩が明るく元気にハキハキと報連相してきたら、マイナス部分がかき消されて、軽く受け止めてしまうケースもあり得ます。その結果、「これから気を付けてね」と軽い対応をしてしまい、後からトラブルを引き起こしてしまうのもよくあることです。

初頭効果に陥らないためには、初めて目にしたものや初対面の人に対し、心の中に湧き出てきた印象はすべて「仮説だ」と考える習慣をつけることです。

この習慣があれば、最初から決めつけず、「仮説の反証となるものはないか」という目で相手を見ることができます。そして、もし反証が見つかれば、最初の印象による仮説の修正もはじめて可能になるのです。

バイアス④　対比効果

同じものを見ていても、前後との対比によって印象が変わることを「対比効果」と言います。報連相でこのバイアスが起こり得るのは、自分の知識レベルによって、報連相してくる相手に厳しくなったり優しくなったりする場合です。

例えば、あなたが数字に弱くデータ分析が苦手な場合、統計学的に分析した報告が上がってくると、その価値を過大評価してしまうかもしれません。

逆に、データ分析の知識が豊富な場合、報告の内容が正しいにもかかわらず、細かくチェックして「もっとこういう分析をすべき」と厳しく指摘してしまうケースも考えられます。

対比効果に左右されないためには、自分の知識レベルは一旦脇に置き、フラットな視点での判断を心がけるのが大切です。

バイアス⑤ 類似性効果

類似性効果とはその名の通り、自分と似ている人を実態よりも高く評価してしまうことです。

人は誰しも、自分のパーソナリティや価値観、バックグラウンドが似ている人を高く、そうでない人を低く評価する傾向にありますが、これも一種の偏見です。

これも多くの人が無意識のうちに行っており、自己認知をすることでしかコントロールできない厄介なバイアスです。

まずは自分と向き合い、どんな性格・価値観なのかを判断した上で、自分と似たタイプの人がいたら実態以上に過大評価していないか、逆に正反対なタイプの人を過小評価していないか、常に気を配るしか方法はありません。

ポイント2　悪い知らせこそ歓迎する

若くしてリーダーを任された人の中には、ミスや失敗を怖がり、何事も石橋をたたいて渡ろうとするタイプを何人も見てきました。

上司としては、多少失敗してもいいから抜擢しているのだし、若さを活かしてどんどんチャレンジしてほしい気持ちもあるはずです。しかし、経験値不足ゆえに肝が据わっておらず、怖さが先に立つ人も少なくありません。

特に学生時代に学業やスポーツで結果を出し、一定の成功を収めてきた人ほど、完璧主義で小さなミスでも許せなくなってしまうのでしょう。

こういったタイプの人は、束ねているメンバーにも自分と同様に「慎重さ」を優先して求めてしまい、少しのミスも許さない傾向が強く見られます。

そして、メンバーがミスやトラブルを起こしたときに、その対処に動く前に、

「問題が起こっていること自体」に意識を向け、せっかく報連相してきた相手へ原因追及をしてしまいがちです。

本来あるべきリーダーとは、悪い情報を伝えてくれた人こそ褒めてあげるべきです。なぜなら、**すぐに手を打ち、これ以上事態が悪化しないように立ち回る時間を与えてくれたからです。**

歴史の例を挙げると、中国の古典『貞観政要』で有名な唐の太宗（李世民）は、大権力者である自分に対して諫言《かんげん》（いさめる言葉）を口にする役職（これを諫官《かんかん》と言います）の者を大切にしていたそうです。

太宗は必ず穏やかな顔で諫言を聞くようにしたり、筋の通った忠告を非常に喜び、至極もっともな言葉であると称賛したりまでしました。多くの皇帝が実際には諫官の言葉に怒り、罰を与えたのに対して、悪い報連相をしてくれる人を重用したからこそ、あのような理想的な政治が実現されたのです。

これは現代の世でも同じです。自身の感情に任せて「なんでそんなことになって

部下からの悪い知らせこそ、
一旦受け止める平常心を忘れずに

いるんだ！」などと怒鳴ってしまうと、当然ながら「あのリーダーにネガティブなことを伝えると怒ってくるから、できるだけ言わないでおこう」とミスを隠蔽しようとします。

そして、リーダーが現状を把握しないまま、事はどんどん大きくなり、取り返しのつかない事態に発展してしまうのです。

悪い知らせを受けたときに、いかに平常心でいられるかが、本当に仕事のできる人なのだと心得るようにしましょう。

ポイント3　ネガティブ・フィードバック

部下から報連相を受けたら、相手に対して何らかのフィードバックを行うことになりますが、多くのリーダーが難しさを感じるのが「ネガティブな内容を相手にフィードバックすること」です。

やり方によっては、メンバーが自信を失ったり、やる気をなくしてしまったり、逆に反発されたりしてしまう可能性があり、どのように伝えればわかってもらえるか、という壁にぶつかるものです。

特に若手が新人にネガティブ・フィードバックをする際に、どう立ち振る舞えばいいのか、迷いが大きいでしょう。早くから結果を出している人ほど、自分もまだ一人前ではない、でも指摘しなければならないケースもあると思います。

そんなとき、ネガティブ・フィードバックのポイントとテクニックを覚えておけば役に立ちます。

ネガティブなことを伝える際にやること

ＩＮＳＥＡＤ（欧州経営大学院）教授のエリン・メイヤーが、ベストセラーとなった著書『異文化理解力』の中で「日本人は直接的なネガティブ・フィードバックを世界で一番嫌う人たち」と指摘しています。ただ、これはチームやメンバーを正しい方向に導くために避けては通れないものです。

心理的な衝突を恐れて先延ばしをしたところで、何の慰めにもなりません。次の4つを意識しながらネガティブ・フィードバックを行うと、意図がメンバーに伝わりやすく、冷静に受け止めてもらいやすくなります。

① Specific（具体的に特定のことについて語る）

曖昧にフィードバックをするのではなく、具体的にどの仕事の、何がどんな風に良くなかったのかを具体的に伝えて、やってしまったこと自体に冷静に目を向けさせます。「次回からはこのようにしてはどうか」との提案も加えましょう。

②Sincere（誠実に語る）

正直な気持ちを誠実に伝えることが大事です。自分を主語にした「Ｉメッセージ」で「自分にはこのように見える（感じる）」と伝え、「あなたにはこうあってほしい」と期待を込めて伝えます。相手を主語とした「Ｙｏｕメッセージ」で伝えてしまうと、「あなたはこうだ」と決めつけるようなフィードバックになってしまいかねません。

③Two-way（双方向）

一方的にネガティブな内容をフィードバックするのではなく、「こういうときには、どうすべきだったと思う？」などと問いかけを交えて、相手が物事を消化する時間を設けていきます。できれば自分から「自分はこういう点で間違っていました」と気づくことができればベストです。

④Timely（適時・適切）

ネガティブ・フィードバックはため込まないのが鉄則です。問題が起こった時点ですぐに、その場で指摘するようにしましょう。溜めておいて「あの時の言動はよくないと思う」と後で言われても、記憶も失われているし、「そう思っていたなら早く言ってほしかった」と思われてしまうだけでしょう。

ネガティブ・フィードバックで使ってはいけない言葉

抽象度が高い言葉や定量化できない言葉など、ネガティブ・フィードバックを行う際に避けた方がいい言葉があります。

よく使われがちなのは「推進した」「企画した」「実施した」などの言葉です。これらの言葉はビジネスシーンでは頻繁に使われますが、その実、中身はよくわからない言葉です。ネガティブ・フィードバックをする際に、「もう少し、ちゃんと推進してほしかった」と言われても、相手からすれば「いや、普通に仕事は進めていたんだけどな」「どれくらいやれば推進したと言えるのか、はっきりしてほしい」と不満に思われるだけです。

ネガティブ・フィードバックをする際には、必ずその根拠となる「事実」を

ネガティブ・フィールドバックで使ってはいけない言葉の例

禁止用語	具体的な表現例 ※「何を」「どれだけ」「いつまでに」を明確にする
迅速化させた	「〜を…することにより、所要時間◯時間を◯時間に、◯月までに短縮した」と、迅速化させた内容を具体的に伝える
効率化した	「◯の作業をシステム化し、所要人員◯人を◯人に、◯月までに削減した」と、効率化する内容を具体的に伝える
向上させた	「◯の発生率を◯%に低減させ、生産性を◯月までに◯アップさせた」と、向上させた内容を具体的に伝える
企画した	「◯の機軸を折り込んだ◯を実現する◯構想を立案し、◯月までに稟議承認を取り付け、上申内容を実施できる状態にした」と、企画の狙い・内容を具体的に伝える
実施した	「◯の作業方法を自動化し、◯の作業が◯時間で完了できるように、◯月までにした」と、実施した内容を具体的に伝える
推進した	「◯の責任分担を決め、周知し、◯のチェックを毎日行う体制を◯月までに作り上げた」と、推進した内容を具体的に伝える
定着化させた	「◯を実施し、◯が毎日行われる状態にし、かつ◯を毎日報告できる体制に、◯月までにした」と、何を定着化させ、どのような状態になったのかを具体的に伝える
図った	「◯の改善を行い、エラーを◯件以内に、◯月までに減少させた」と、どのような状態にしたのかを具体的に伝える
管理した	管理したこと自体は評価にならない。管理したことを明確にして管理したことにより、どのような状態になったかを明らかにする
努めた・努力した	努力の度合いは達成度の評価の対象にはならない。具体的な成果を明らかにする

具体的に示さなければ、相手からの納得感は得られません。

人は自己評価の方が他者評価よりも高いのが常です。それなのに「できていない」ことを認識させるには、曖昧な言葉遣いを使っては伝わらないのです。次の表を参考に、誠実かつ具体的なネガティブ・フィードバックを行いましょう。

ポイント4　ネクストアクションを明確にする

相手からの報連相に対して「了解」「ありがとう」とだけ返すのではなく、次にどんなアクションを起こせばいいのか、明確に指示を伝えるのも大切です。

例えば「次はこのようにしてみては？」「私ならこうするけど、どうかな」「他のメンバーも巻き込んで進めていこう」など、相手が動き出しやすいように、背中を押す言葉を添えるようにします。

皆さんも実感しているはずですが、報連相をするのは基本的には面倒くさいものです。

細かなことまで報連相したとしても、上司から大した反応が得られなければ、「ここまで伝えても意味がないのでは」という解釈をしてしまいかねません。

つい手を抜こうとする部下からすれば、「何を言っても反応がないのであれば、次回からは適当にやろう」という心理が働き、結果的に重要な報告が漏れてしまうことも考えられます。

そして、「報連相して行動を起こしても意味がない」と相手が一度でも学習してしまうと、「どうせ何をやっても無駄だ」と無気力な組織へと陥ってしまう恐れすらあるのです。

こうした状態を「学習性無気力（learned helplessness）」と呼びますが、メンバーがこうなってしまうと現状維持に甘んじてしまい、組織の中にチャレンジしない雰囲気が蔓延してしまうのです。

メンバーが新入社員であればなおさら、ちょっとした報連相でもかなりのパワーを割いているはずです。上司としては、その気持ちに応えるべく、相手が動きやすくなるような具体的なリアクションを取りましょう。

ポイント5　大事なことはしつこく具体的に確認する

同じ言葉を使っていても、その言葉の抽象度が高ければ、お互いに意味を誤認しているケースはよくあります。

例えば人材採用の世界では、「コミュニケーション力が高い」という言葉が使われますが、これは極めて抽象度が高く、人によって捉えているイメージの異なる言葉の1つです。

どんな相手にも物怖じせず、懐に入っていく力を「対人影響力」と定義する人もいれば、論理的に説明する力や、空気を読み相手の言いたいことを察知する洞察力、わかりやすい言葉を選んで正しく伝える表現力をコミュニケーション力と捉える人もいます。

これと同じようなことが、若手から若手への報連相では頻出しがちです。

例えば「明日の朝イチまでに企画書を提出します」と連絡された場合、その時間軸の捉え方は人それぞれです。あなたが「朝イチということは、始業時間の9時ぐらいだろう」と認識し、企画書はまだかと気になっているのに、メンバーは「朝イチ＝午前中いっぱい」と捉え、まだ企画書をまとめているかもしれません。

これは報連相に対するフィードバックでも同様で、たとえアクションを指示したとしても、相手の捉え方がズレたままコミュニケーションが進んでしまうのはよくあることです。

例えば、今すぐにでも取り組んでほしい仕事があって「できるだけ早くやって」と指示したつもりが、本人は「できるだけ早くということは、自分のペースで進めてもいいんだ」と捉えてのんびり構えてしまうかもしれません。

この認識のズレをなくすには、自分の指示やアドバイスをどのように捉えたのか、相手に言わせることが大切です。

例えば、「念のための確認だけど、今話したことをどんな風に理解したかを説明してみてくれるかな」とか、「今話し合って決めたことを、確認のためにまとめておいて」などと、部下がどのような認識をしているのかを確認しましょう。

実際にこのような確認をしてみると、意外に部下は「全然わかっていない」場合も多々あります。特に大事な内容ほど、相手がどのように理解し、どんなアクションを取ろうとしているのか、細かく確認をしましょう。

ポイント6　信頼される話し方を意識する

仕事の中でコミュニケーションする際には、当然ですが話し方にも気を配る必要があります。なぜなら、たとえ本人に悪気はなかったとしても、相手がマイナスに取りかねない話し方をする人が見受けられるからです。

例えば、「そうか、時間が足りなかったんだね」と相手の話の要点を繰り返す「反復」や、「では、どうすれば期日が守れると思う？」と否定を含まない「肯定質問」は、メンバーに信頼され、やる気を促す話し方です。

一方、「そのような考え方はおかしい」といった頭ごなしの「批判」や、「よくわからないけどいいんじゃない？」といった「無関心」がにじみ出るのはNGです。悪気なくうっかり使っている人も多いので、チェックしておきましょう。

信頼される話し方

1 反復	**相手の話の要点を繰り返す手法**	(例)「時間が足りなかったんです」「そうか、時間が足りなかったんだね」 反復をすることで、相手に関心をもって聞いていることが伝わる。相手は、上司が自分の話に興味・関心を抱いていると認識できれば、もっと話をしたいという意欲が高まる
2 言い換え	**表現を言い換え、相手の真意を明確にする手法**	(例)「つまり、クライアントの要望を取り違えていたということだね？」 話の中身を整理しないまま、頭に浮かんだことを次々と話したり、適切な言葉が見つからず、あいまいな表現をしたりする人も多い。言い換えをすることで、要点の明確化や、わかりにくいところの確認ができたり、考えを整理できたりする
3 支持	**まずは相手の言い分を認める手法**	(例)「なるほど、声を荒げてしまった君の気持ちもよくわかるよ」 支持をすることで、相手に共感していることが伝わる。相手は、自分の立場を理解してくれているとわかれば、話を続けようという気持ちになる
4 拡大質問	**質問の際に、「はい」「いいえ」で終わらない問い方をする手法**	(例)「どのようにして情報を集めたのかな？」 「YES-NO」を明確にする限定質問が必要なときもあるが、それでは尋問のように固い雰囲気になってしまう。拡大質問により、事実のあるなしだけでなく、原因や状況・課題などを相手に話してもらうことができ、そのために相手に考えてもらうことができる
5 肯定質問	**否定を含まない形で質問する手法**	(例)「では、どうすれば納期を守れるでしょうか？」 「どうして期日を守れないのか」という否定質問では、相手には非難をしているように聞こえる。また、「あなたに問題があるからだ」と人格否定のように受け取られ、気持ちも沈み、相手の口も重くなる。肯定質問にすれば、今後何をすべきかが焦点隣、建設的な対話が期待できる。
6 長所は具体的に	**良かった点を褒める際、できるだけ具体的に**	(例)「お客様と話をするとき、表情が豊かで温かみがあっていいよ」 褒めることで相手に気分良くなってもらうのは、話をスムーズに進めるための大きなポイント。また、他の人も褒めていたという事実があるのなら、「○○もすごいと言っていたよ」などの言葉を添えるのもおすすめ
7 忠告は後で	**忠告する際に、ワンクッションを置く**	(例)「資料作り、大変だったね。ただ、もう少し、テーマをはっきりさせる必要があったね」 長所と違い、改善してほしいことを忠告する際は、感情的な反発を受けやすい。そこで、最初に労いの言葉や、努力を認める言葉をかけた後に忠告すると、相手も受け入れやすくなる

信頼を失う話し方

1 批判	**相手との不要な議論を増長してしまう** (例)「そのような考え方はおかしい、間違っている」 基本的にビジネスの場では、あまり議論をしてはいけない。議論をして打ち負かしたとしても、相手は納得するとは限らない
2 説教	**上から目線で指摘し、相手を叱りつける** (例)「なんだ、あの対応は！　そもそもマインドセットが悪い！」 決して叱ってはいけない。人格批判ではなく、仕事上の行動や能力に関して、冷静に指摘するに留める
3 命令	**相手に有無を言わさず、自分の薦めたいように動かす** (例)「いいから言う通りにやれ！」 面談はすり合わせの場、納得感を醸成する場。これでは面談をする意味がない
4 無関心	**相手への興味を感じさせない話し方** (例)「よくわからないけど、いいんじゃないかな。好きにやっていいよ」 愛の反対は憎しみではなく、無関心ともいう。これでは相手のやる気を引き出せない
5 放棄	**部下の結果責任を手放す** (例)「私も忙しいのだから、そんなことは自分で考えてくれよ！」 これでは、上司として怠慢、責任の放棄である。相手にコミットする姿勢を見せることが大切
6 無責任・責任転嫁	**責任転嫁→自分ではない権力者に責任を押し付ける** (例)「私の意見はともかく部長がダメと言っているんだよ！」 マネジメントの基本は「責任感を持つこと」である。「私が決めたのではない」「上がそう言っているから」と責任を手放してはいけない
7 脅し	**評価や給与ダウンをちらつかせる** (例)「これをやらないと評価に響くぞ！」 脅して、人に何かを強要させても、生産性も創造性も長期的、継続的に高まることはない

ポイント7　自己開示する

第2章では、部下の目線から「上司のことを知ろう」とお伝えしましたが、自分が報連相される側になった際には、今度は自らメンバーに積極的な自己開示を行うことが欠かせません。

自己開示のメリットは「ペーシング」といって、相手の「ペース」に合わせて話したり、行動したりする人間の特性を活かす点でも効果的です。

おすすめなのは、「自分は何を目指してこの会社に入り、どんな経歴を経て今に至るのか」「仕事にどんな思いを持って臨んでいるのか」「将来はどんな目標を持っているのか」など、**仕事に対する思いや価値観を開示する**ことです。

また、より人間性が伝わるよう、自分のプライベートも含めて開示すると尚いいでしょう。「あなたが何者か」が伝われば、メンバーは本音が言いやすくなり、たとえネガティブな情報であっても臆せず共有ができるでしょう。

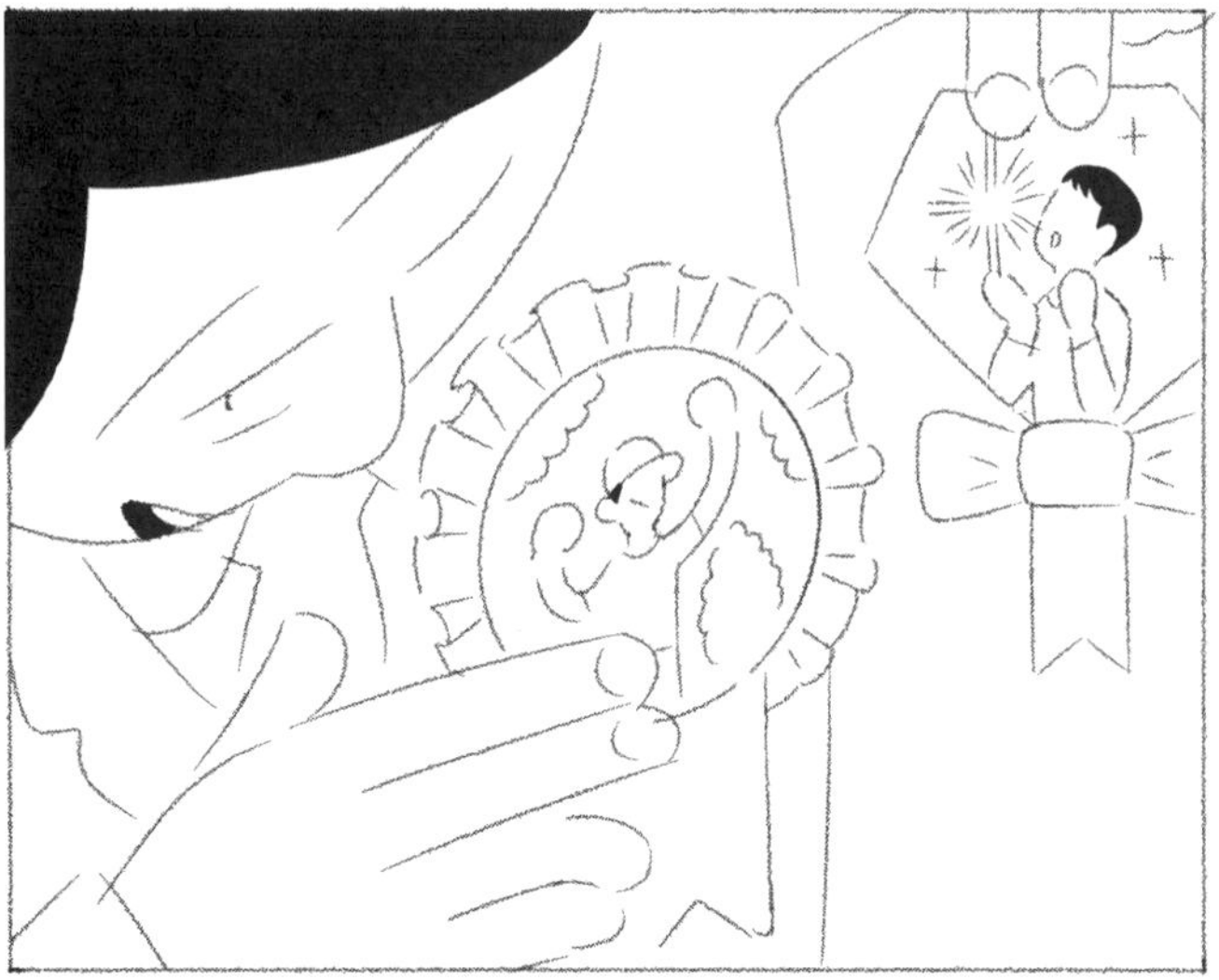

「入社動機」のような過去の話は、
誇らしげに伝えていい時がある

とはいえ、いきなり自己開示を始めるのはちょっと相手におかしく思われるのではないか、と考える人もいるかもしれません。そこで、自己開示を自然にできる最大のチャンスがあります。**相手に「入社動機」を聞かれたときです。**

これは新人教育担当や、新たなチームを任された際に、メンバーから出てきやすい質問の1つです。そこで自身の仕事に対する思いや価値観を自然に伝えやすいので、このタイミングを逃さず活用しましょう。

できれば自分のライフヒストリーを交えながら、「○○の環境で生まれ育ち、○○な人や○○の出来事に影響を受けて、

○○の価値観を持っているから、○○の仕事をやっている」と1つのストーリーとして伝えると、あなたという人物がより伝わり、相手が報連相を行う際の不安が軽減されることでしょう。

ポイント8　業務量・業務レベル・キャパシティを把握する

スムーズな報連相をしてもらうためには、大前提として、メンバーそれぞれの業務量と業務レベル、キャパシティ（どれくらいのレベルや量の仕事をこなせる能力や余裕があるのか）を把握しておくことが必要です。

もしあなたがまだ若手の場合、報連相してくる相手は新人か、せいぜい入社1～2年目でしょう。ビジネスの場数を踏んでいないので、まだまだ説明能力が低く、上がってくる報連相もヌケモレが多いことが予想されます。

その場合、メンバーの抱えている業務量や業務レベルといった前提情報がなければ、報連相の内容を正しく理解できない可能性があります。

例えば、失敗やトラブルを報告してきた場合。これらの情報を事前に把握できていれば、失敗の原因は本人のミスや知識の低さによるものではなく、単純に仕事を抱えすぎてキャパオーバーしていた結果という判断になるかもしれません。

その原因を踏まえて、取るべき打ち手やネクストアクションの提示も大きく変わってくるでしょう。


社歴が浅いメンバーほど、今の自分の業務量やキャパシティがわからず、「まだまだできるだろう」と安易に考えている真面目な人も少なくありません。

あるいは、「できない」と言葉にするのが恥ずかしくて、自信がないのに「できます」と強弁しているかもしれません。

ほとんどの人は自分の現状を言語化できないケースも多いので、「今どれくらい残業しているのか」「手一杯の状態が100だとしたら、今抱えている仕事はどのくらいか」などの質問をすると、現状をつかみやすいと思います。

もちろん、現在抱えているタスクを1つひとつ確認し、どのくらい時間がかかりそうなのかヒアリングするのも有効です。

私が人事マネージャーをしていた当時は、メンバーのタスクを一覧化し、個別メンバーのカルテを作って管理していました。

ポイント9

報連相が苦手な人には「行動マネジメント」を徹底する

とはいえ、なかなか報連相が上達しない人は、どのチームにも1人や2人必ずいるものです。ここまでに説明したような方法で対処したとしても、ピントがずれた報連相をしてきたり、ネクストアクションを指示しても動いてくれなかったりする人も、人事という仕事柄、何人も見てきました。

そして、特にマネジメントに慣れていない人にとっては、「報連相の内容が悪い」「相手が思うように動いてくれない」がストレスの種になってしまうのです。

かといって、「思い通りに動いてくれないなら、いっそ自由にやらせてみよう」と考えるのは悪手になるケースがほとんどです。

以前、私がリクルートの採用責任者をしていた際に、新卒採用パンフレットのキャッチコピーで**「自由になりなさい、という脅迫に負けるな」**というものがありました。

社会経験の浅い若手に「自由にやってみろ」「好きにしていい」と言うのは、まるで脅迫を受けているような状況で、多くの人は逆に何をすればいいのかわからず、悩んで足が止まってしまうのです。

報連相がうまくできないメンバーには、自由勝手にやらせてみるのではなく、逆に一から十までやるべき行動を定めてマネジメントするのがおすすめです。このタスクを行うには、1番目にまずこれをやって、2番目にはこれをやる、と「型」にはめて仕事を進めていけばいいのです。

日本には昔から「守破離」という言葉があります。まずは、師匠から教えられた型を「守」り、それを自分のものにする過程で少しずつ改善を加えて師匠の型を「破」り、自分のスタイルが確立できたら師匠の型から「離」れて自由になる。

この段階を踏んでこそ、1人前になれるという考え方です。これは現代においても、変わらない大事な教えだと思います。

自由や多様性の時代に、ガッチリと型にはめてしまっていいのだろうかと躊躇する人もいるかもしれませんが、まだ柔軟性がなく自律性もない若手の育成方法としては正しい選択肢と言えます。

自由にやらせた結果、我流のやり方を身に付けたとしても、それには限界があることは多くの先人たちが証明しています。仮に今はうまくいったとしても、将来必ず天井にぶつかるときがきます。

この「型」を作ってあげるのも、上司の重要な役目の1つです。「型」を作るには、自分の普段の仕事をきちんと認識し、言語化（＝マニュアル化）する手順が必要になります。まずは業務においてどんな視点で考え、どんな行動を取っているのか、自身の働きを1つひとつ振り返り、具体的に言葉にしてみましょう。

こうして、自分の仕事を言語化して形式知化（言葉で客観的に表現できる知識）し、マニュアル化してみることは、経営者としての視点を養う上でも役に立つのでおすすめです。また、もし自分だけではピンと来なければ、普段からあなたの仕事ぶりを見ている第三者に形式知化してもらうのも有効です。

自身が決めた型通りに行動してもらえれば、報連相のピントが少しずれていようが、説明不足であろうが、何を言わんとしているのかわかるようになるでしょう。万が一のミスやトラブルにも迅速に対応できるはずです。

「教えることは最良の学習」と言いますが、自身の働きを形式知化する作業は、自分自身を見直すことにもつながります。

メンバーの行動をすべてマネジメントするのは面倒くさい、負担だと感じるかもしれませんが、自分を成長させ、かつ報連相の精度も上げられるいい機会だと捉え、前向きに取り組んでみてください。

第5章

報連相をバージョンアップさせる「おじさんリテラシー」

報連相の効果は、どんな時代にも欠かせないスキル以外にもあります。もし、読者の皆さんが「仕事でより大きな成果を上げたい」「組織の中でもう一段上を目指したい」と思っているなら、報連相をバージョンアップさせるスキル、通称「おじさんリテラシー」の習得をおすすめします。

これは、組織の中で権力や権限を持つ「おじさん（もちろん女性の場合もありますが、残念ながら日本の管理職はまだまだ男性が多いので、わかりやすく「おじさん」としています）」を適切に動かす能力として呼んでいるものです。

この力を身につけると、ただ上司に仕事の進捗を伝えるだけでなく、普通ならばノーと言われる提案でもイエスを得られたり、自分の意見を実現しやすくなったりします。

この「おじさんリテラシー」があれば、現時点で自分に権力や権限がなかったとしても、組織を動かし、より大きな仕事ができるようになります。そのためのポイントを本章では解説していきます。

「おじさんリテラシー」との出会い

この「おじさんリテラシー」に私が最初に知った時の話をさせてください。

新卒でリクルートに入社し、人事部に配属された23歳の頃、当時の人事担当役員（人事のドンのような存在）に、

「お前は、どんな学生を採用しようと考えているんだ？」

と飲み会の席で聞かれたことがありました。

唐突に本質的な質問をされた私は、頭の中が真っ白になってしまいました。それでもすかさず、「コミュニケーション力」「地頭の良さ」「自発性」「自律性」など、思いつく限りの最もらしい能力を挙げました。

しかし、その役員は私のつまらない説明を遮り、

「それもいいけれど、もっと大事なものがあるだろ？　その人に〝じじい〟を動かせる力を持っているかどうかだ」

とおっしゃったのです。その役員はこう続けました。

「良し悪しは別として、現在の日本において、世の中を牛耳っているのは、権力を持っているじいさんたちだ。うちの会社にも、客先にも、そして政治の世界にも、そこかしこに権力を持ったじいさんがいる。そういう人にイエスを言わせることで、企業も、そして世の中も良い方向へと動いていくんだ。だから、『権力者を動かせる力』を持っていそうなヤツを採用すべきなんだよ」

――おおよそこんな内容でした。

その話を聞いた当時の私は「じじいリテラシー」と勝手に名づけていました。ただ、「じじい」はさすがにひどい言葉なので、最近は上司にイエスと言わせる手腕として**「上向きのリーダーシップ」**と置き換えて呼んだりしています。

ジェンダーによる差別をなくす風潮が強まる世の中には、「おじさん・おばさんリテラシー」という言い方が合っているかもしれません。

ですが、世界国際フォーラムが発表する「ジェンダー・ギャップ指数」によると、日本は145カ国中125位と未だ男女格差が大きい国でもあるので、この本ではあえて「おじさんリテラシー」という言葉を使わせてもらうこととします。

「おじさんリテラシー」は、私が30年前にリクルートの役員に教えられた時代に限った話ではなく、今の時代にも有効なコミュニケーションでもあります。

特に若い人からよく聞く上司や会社へのグチに、「自分の意見が通らない」「仕事の権限がないせいでやりたいことができない」「上司はもっと部下に権限委譲してほしい」というものがあります。

ただこれは、意見が通らないのは決して権限の有無のせいだけではありません。単にその提案がつまらないのか、レベルが低いのか、中身を適切にプレゼンテーションできていない可能性もあります。

そもそも、そんな愚痴を言うような部下には、上司の立場としても、権限など絶対に委譲してくれないでしょう。

そうではなく、権限がある人にうまく働きかけ、「いいじゃん、やってみなよ」と言ってもらえれば、閉塞的でない普通の組織なら、1年目だろうがやりたい仕事を実施してきた姿を何度も見てきました。

また、そういう「人を動かす力」を持っている部下を、できる上層部なら必ず見ているものです。

「あいつはいちメンバーの状態でも仕事を進められているが、もし正式に権限を与えれば、もっと効率よく動き、より高い成果も上げられるだろう」と評価され、ポジションを引き上げられるのもよくあることです。

「おじさんリテラシー」を身につけて、
目上の人とコミュニケーションを取れば、
若手でも大きな仕事ができる

キャリア構築の途上にある若い人にとっては、この「おじさんリテラシー」は身につけておくと、例えば大きなプロジェクトの承認（自社の決裁者にＯＫをもらう）や、転職の面接（面接官である相手の社長にＹｅｓと言わせる）など、いざというときに効果を発揮する、便利で重要なコンピテンシーと言えるでしょう。

実際に、この「おじさんリテラシー」によって成果が分かれた例として記憶に残っているのは、元ライブドアの堀江貴文さんと、楽天の三木谷浩史さんのプロ野球球団の買収に関してです。

どちらかと言えば、年上の層から反感

を持たれていた（本当はどうかわかりません。堀江さん申し訳ございません）堀江さんは結局のところ、プロ野球の世界を牛耳るおじさんたちの了承を得られず、経団連などにも根回しをして筋を通して動いた三木谷さんが最終的にはプロ野球団を獲得できた事例です。

三木谷さんは日本の権力者を動かす力、まさに「おじさんリテラシー」を持っていたのではないかと想像しています。

「権力者を動かす力」が仕事を大きくする

長年続く少子高齢化の結果、2023年時点の日本の平均年齢は48・4歳です。50歳の人でも、日本では真ん中あたりの年齢ということで、高齢者の国になってしまったものです。

ちなみに、中国の平均年齢は約38歳と働き盛りの世代が中心で、インドは約28歳と若者の国と言えます。これだけ平均年齢が違うと、社会の仕組みや文化も変わってくるのは当然のことです。

2024年時点の日本では、国の平均年齢は上がり続け、大手上場企業の平均年齢も軒並みアラフィフです。そんな状況の中で、若手がうまく立ち回り、早いうちからやりたいことを実現するには、ますますおじさんリテラシーが重要になっていくのは当然のことです。

なかには「うちの会社はベンチャーで、年齢もみんな20、30代と若いから関係ない」と考える人もいるかもしれません。しかし、そういった若い会社であっても、クライアントや取引先のキーパーソンがおじさんである確率は非常に高いでしょう。営業をかける際にも、取引先にうまく動いてもらうためにも、相手に気持ちよく動いてもらう「おじさんリテラシー」は必要です。

それに、便宜上では「おじさんリテラシー」と呼んでいますが、このコンピテンシーは本質的には**「権力を持った人を動かす力」**のことです。実際には相手の年齢は関係ありません。

上の世代に目を向けると、先頭に立ち、ものすごい熱量でリーダーシップを発揮している人がいますが、そういう人を動かすのも「おじさんリテラシー」です。

さらに言えば、大企業よりもベンチャーや中小企業の方が、トップが経営だけでなく、組織の中のあらゆる判断を独裁して決めているケースが多いのも事実です。なぜなら、大企業よりも権力者の数が少なく、一部の人材にパワーが集中しているのが実情だからです。

こう考えると、おじさんリテラシーは大企業だけでなく、むしろベンチャーや中小企業に属している人の方が欠かせないリテラシーとも言えます。権力者を動かさなければ、あなたが臨むやりたいことも、大きな仕事も実現しづらいのです。

「おじさんリテラシー」の身につけ方

おじさんリテラシーは、「偉い人にガツンと物を申す」という単純なものではありません。権限を持つ人に意見や提案を通すのは、ほとんどの場合は越権行為になりかねず、1つやり方を間違えると「なぜ君が私にそんな口を利くのか」と相手に不快感を抱かせてしまう恐れがあります。

そんなトラップにはまらず、目上の人に気持ちよくイエスと言ってもらえるおじさんリテラシー≒報連相」の重要な考え方と、3つの方法を紹介します。

アサーティブネス

まず大事なのは、目上の人とコミュニケーションを取る際は、必ずアサーティブネスを意識することです。アサーティブネスとは、「相手に配慮した自己主張」の

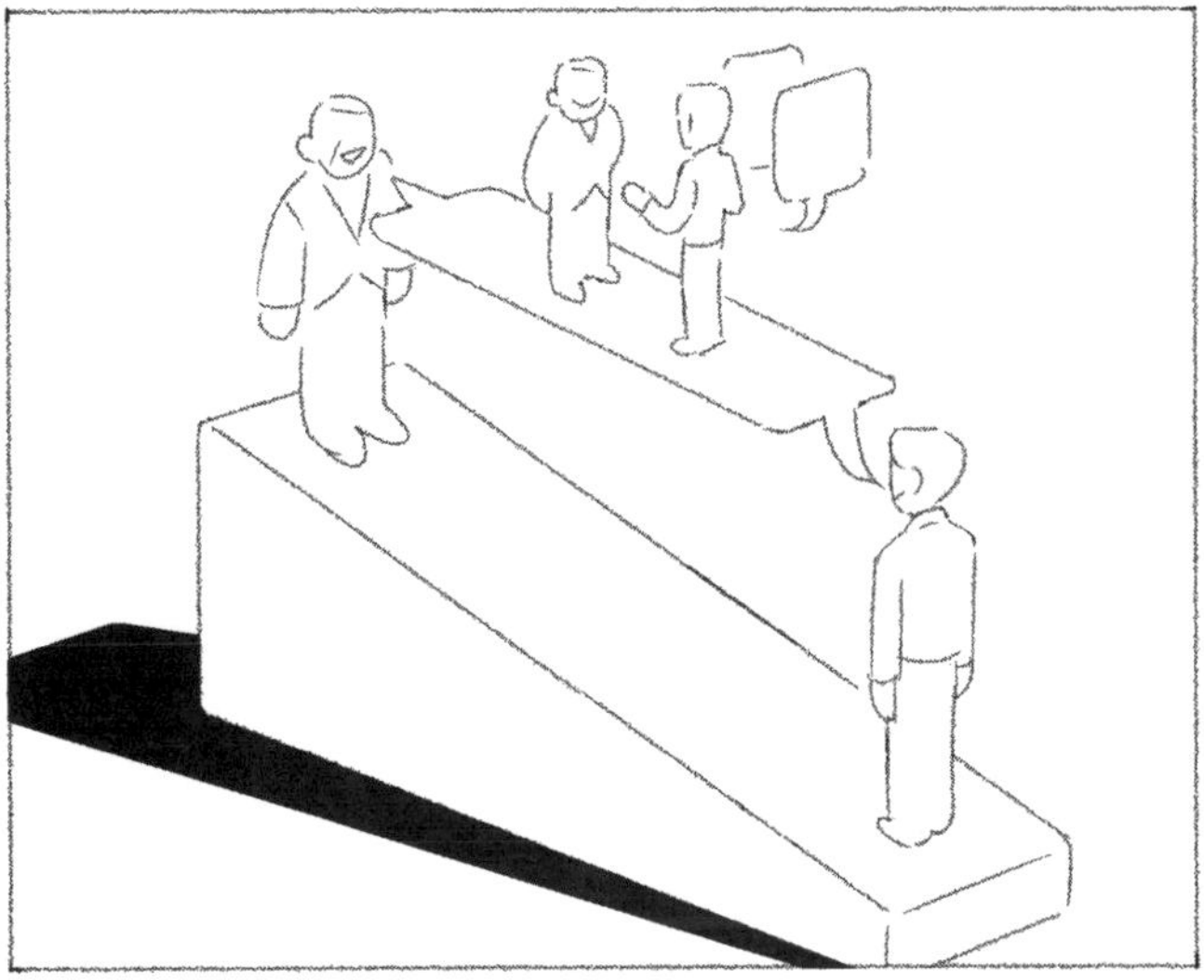

「相手に配慮した自己主張」が
アサーティブの基本

ことで、アサーションとも呼ばれます。

直訳すると「主張」という言葉になってしまうので、日本語的にはやや攻撃的に感じるかもしれませんが、アサーティブネスが意味するのは「カドを立てず、相手が飲み込みやすい方法で主張をすること」です。そして、素直にこちら側の主張を受け取ってもらえるようにするのがアサーティブで行うことです。

その結果、あなたが本当に伝えたいこと、納得してほしいこと、上司を動かして前に進めたいことを、相手に自然にやってもらえるようになるのです。

同じ主張でも、次のようなものはアサ

ーティブネスとは言いません。

例えば、「本心を表に出さず、トゲのある言い方や回りくどいやり方で人を責める人」や、「自身と正面から人と向き合えない弱さから、人を操ることで自分の望む状況に誘導しようとする人」です。

また、相手の「個人の境界」を尊重せずに影響をおよぼすために、相手に傷つけるような言動も違います。反対に、自分の「個人の境界」を頑なに守り、相手からのネガティブな言動を許したり、自らは主張せず、何でも受け入れてしまったりするのもアサーティブネスな状態とは言えません。

本来のアサーティブネスとは、自分と相手を尊重した上で、自分の心の中を開示することを恐れず、自分の意見や気持ちをその場に適切な言い方で表現することなのです。

この「アサーティブネス」というテーマだけで1冊の本が書けてしまいますが、ここでは代表的な手法の「DESC法」と「Iメッセージ」をご紹介します。

方法① DESC法

DESC法とは、「Describe（描写）」「Express（説明）」「Suggest（提案）」「Choose（選択）」の4つのステップで、自身の思いを伝える話法のことです。アメリカの心理学者、ゴートン・バウアーが半世紀近く前に提唱しましたが、現代の「上向きのリーダーシップ」にも欠かせないコミュニケーション手法です。

このDESC法は、相手から納得感を得ながら、自身の主張を通すコミュニケーションとして有名ですが、上司の世代も案外身についていない人は多く、さらに目上の人を動かせずに悩んでいる人を何人も見てきました。

報連相をレベルアップさせるためにも、まずは「DESC法」から押さえておきましょう。

ステップ1 Describe（描写）

今生じている問題や行動、状況について、具体的、客観的に描写します。ここでは推測や自身の感情は交えず「事実のみ」を伝えるのがポイントです。

ステップ2　Express（説明）

次に、描写した内容（＝事実）に対する自身の意見や感情、推測などを伝えます。感情的にならず、正確かつ建設的に伝えるのがポイントです。なお、Expressのほかに、Empathize（共感）やExpose（見せる）、Explain（説明）との言葉が使われることもあります。

ステップ3　Suggest（提案）

その次に、自身が考えるアイディアなどを提案し、相手に求めていること、対応してほしいことなどを伝えます。相手の気持ちを推し量り、意見を押し付けないことがポイントです。

また、同意を得るためにも「丁寧」に伝えることも大切です。なおSuggestのほかに、Specify（提案）という言葉が使われることもあります。

ステップ4　Choose（選択）

STEP3で行った提案に対する相手の反応次第で、次とってもらいたい行動の選択肢を与えていきます。必ずしも自分の主張を通すことだけでなく、「柔軟」に選択肢を変えることがポイントです。

もし提案が通らなかった場合は、再度「Suggest」に戻り、別の選択肢を提案することになります。なお、Consequences（結果を伝える）という言葉が使われることもあります。

このように4段階に分けて物事を伝えることで、相手の立場を慮《おもんぱか》りながら自分の意見を伝えると、イエスをもらえる確率を上げられます。

具体例を出してみます。上司から「急ぎの仕事を頼みたいんだけど、明日の14時までに仕上げてもらえる時間はあるかな」と言われたとします。ただ、あなたは他にも頼まれた仕事があり、そのままでは上司から言われた仕事を実行できない状況だった場合、DESC法を使ってどのように伝えられるでしょうか。

DESC法による報連相の例

ステップ1	**Describe（描写）**	実は今、すぐに終わらせないといけない仕事を複数抱えています
ステップ2	**Express（説明）**	（今上司から言われた）仕事が大事なのもわかりますので、すぐさま実行したいところなのですが
ステップ3	**Suggest（提案）**	最短で明日の午後からでしたら対応することができますが、それでもよろしいでしょうか
ステップ4	**Choose（選択）**	「もしくは、他に対応できる者を探しましょうか。あるいは、今やっている仕事を誰かに変わってもらうことができたら可能です。もしくは今の仕事の納期を延ばせないでしょうか」

例えばこのように話をすれば、上司も怒ったり、無理にやれと言ってきたりはしないはずです。反対に、こうした伝え方で上司を説得し、頼まれたことを「やらなくていい」となったり、納期を遅らせてもらえたなら、あなたは上司を動かせたことになります。

しかし、もし「今、忙しいので無理です」と単純に拒絶するようなことを言うと、「無理ってなんだ、仕事だぞ」とか「そこをなんとかするのが君の役目だろ」などと返答が来て、八方塞がりになってしまうかもしれません。

方法②

Ｉメッセージ

もう1つ、「Ｉメッセージ」というアサーティブを使ったコミュニケーションを紹介します。

Ｉメッセージとは、「自分を主語にしたメッセージ」のことです。元はアメリカの臨床心理学者であるトマス・ゴードン博士が、子どもへの適切な接し方を親へ指導する際に提唱したものですが、この手法はすべての人間関係にも応用ができます。

簡単なものだと、「私は○○だと思います」「○○がいいと考えています」などと伝えることで、意見や提案が断定的に聞こえづらく、相手も自分の話を受け入れやすくなります。

また、Ｉメッセージは相手を批判したり、行動を制限したりするニュアンスは含まれないので、相手を尊重しながら自分の意思や考えを主張できる効果もあります。

自分の意見や提案を通したい気持ちが強くなるほど、「あなたに○○してほしい」

「あなたの考えは○○ですよね」など、相手を主語にした「YOUメッセージ」になってしまいがちです。

しかし当然ですが、**人は指示されたり断定されたりすると反射的に反発したくなるものです。**「あなたは○○をしてください」という表現は、受け手側からすれば命令としても捉えられます。こうしたコミュニケーションは、部下のように目下の人であればなおさら起こり得るので、注意が必要です。

さらに、Iメッセージは相手の「怒り」の感情の発生を起こさせない効果もあります。**怒りは「第二次感情」と言われ、2番目に生じる感情とされています。**怒りが発生するときは、その前に悲しみ、不安、困惑、恐れなどの「第一次感情」が根底にあるとされています。

怒りにまかせて相手を批判しても、本心である「第一次感情」は伝わりにくく、その結果として人間関係が悪くなってしまうわけです。

そこで、主語を「私」に置きかえると、自分の要望や思いにも気づきやすくなり、適切な形で本意としての「第一次感情」を伝えることができます。

次に挙げる例のように、「私は」と「あなたは」と主語が違うだけで、これだけ相手への伝わり方の変化を感じられるでしょう。

Iメッセージの例

（私は）そんな言い方をされると悲しいな。
（私は）こっちの方法でやってみると、うまくいくと思うよ。
（私は）心配するから、もし遅刻するときは連絡してもらえると助かる。
（私は）あなたの仕事はいつも丁寧だから、安心して仕事を任せられる。

YOUメッセージの例

（あなたは）何度言えばミスがなくなるんだ。
（あなたは）どうして俺の言ったやり方をしないのか。
（あなたは）遅刻するなら、連絡はもっと早くしてもらいたい。
（あなたは）このくらいの仕事は一人でできるようになってほしい。

「さしすせそ」で相手を気持ちよくさせる

本質的ではないテクニカルな話ですが、実際の仕事では役立つ手法も紹介します。それは「さしすせそ」の頭文字をとった相槌《あいづち》をうまく使うことです。

さ：「さすがですね」（承認欲求を満たせる相槌）
し：「知らなかったです」（相手が教えたくなる相槌）
す：「すごいですね」（自己肯定感を満たす相槌）
せ：「センスがいいですね」（特別感を満たす相槌）
そ：「そうなんですね」（傾聴していることを示す相槌）

これは特に、権限を持ったおじさん（男性）と会話するときに覚えておくと便利です。いずれも、相手を気持ちよくさせる相槌で、日々経営者などのおじさんを相手にしている銀座のクラブのホステスさんも使っているテクニックです。

彼女たちの上客である「企業のお偉いさん」は、あなたにとっては意見や提案を通したい権限者にあたります。ホステスさんも使っているテクニックは、上向きのリーダーシップを発揮する際にも活用ができるのです。

ちなみに似たもので、コミュニケーションの「あいうえお」があります。

あ：ありがとうございます（感謝の相槌）
い：いいえ、とんでもございません（謙虚さを伝える相槌）
う：運が悪かったですね（相手の気持ちを救う相槌）
え：縁がありますね（強い絆を生む相槌）
お：恩に着ます（深い感謝を表す相槌）

これらのワードだけを見ると、相手を馬鹿にして見えるかもしれませんが、これもアサーティブネスの一種です。相手の気持ちに立ち、気分を良くすれば、当然聞く耳を持ってくれます。**自分のことをリスペクトしている人の意見や提案ならば、受け入れてもいいかなと思ってしまうのが人間の特性でもあるのです。**

Z世代への偏見をなくす

続いて、報連相のレベルアップに欠かせないのは、世代間のギャップを取り払うための視点を持つことです。

いつの時代も、何かと世代で分けて語ってしまうのが私たちの現実です。私の周りでも、上司世代の間ではX世代、Y世代、Z世代などの分け方が使われることがあります。また、「今の若手はZ世代だから……」など、意思疎通がうまく測れないのも世代間ギャップのせいにする人も少なくありません。

ただ、私たちの世代が考える「Z世代」の類型が、上司の誤解や思い込み、もしくは自分のパーソナリティとズレたものだとすれば、おじさんリテラシーの阻害要因になりかねません。

そもそも世代論というのは極めて曖昧なもので、当然ですが、何百万人もの人が

一般的なX・Y・Z世代の定義

X世代	Y世代	Z世代
1960～1974年生まれ	1975～1994年生まれ	1995～2009年生まれ
■核家族世代 ■ベビーブーマー世代、団塊ジュニア世代とも ■留守電・テレビ・洗濯機などの家電が普及し、高度経済成長の渦中にいた	■就職氷河期世代、ポストバブル世代と呼ばれる ■30代前後はミレニアル世代とも ■様々な電子機器が登場し、普及した時代を生きており、デジタルネイティブの世代とも	■ポストミレニアル世代 ■中学生の頃からソーシャルメディアに触れ、高校生の頃からスマートフォンを持つソーシャルネイティブ世代

同じような傾向を持っているわけがありません。誤解や思い込み、自身とズレているどうかを測るために、人事として多くのZ世代と関わる中で感じた点も含めながら、一般的な認識を押さえておきましょう。

一般的な「Z世代」の認識

①Z世代は価値相対主義でリベラル

「民主的」「リベラル」「フェア」であることが当然の感覚で、競争はあまり好きではない。家庭では男女の区別なく家事・育児を分担した方が良いという考え方を持つ。共働きが基本で、性別による役割は曖昧。LGBTQには基本的に擁護派。

実際に、私の会社（平均年齢20代）のZ世代たちを見ていても、あまり1つの価値に執着する人はいません。それぞれが違う思いや趣味を持ちながらも、お互いのことを認め合っています。

例えば、私の会社には絶対に飲み会に行かない新人がいるのですが、周りがそれを非難することもまったくなく、1つの価値観として受容されています。

②Z世代は真面目で堅実

生まれてから今まで、不景気の時代しか知らないことで、大きな夢を持たない、もしくは持てない。その結果、安定・堅実志向になっている。その1つの象徴として、結婚願望が強く、堅実な人生設計を立てている。

これも弊社の例で恐縮ですが、平均年齢20代の組織にもかかわらず、結婚している人が結構多く、すでにお子さんを持つ人もいます。男性社員で2ヶ月の育休を取っている人もいて、周囲もそのことに対して協力的です。

また、資産形成にも関心があり、ＮＩＳＡで積立投資をしていたり、一戸建てを買う計画を立てていたりと、見ていてすごく堅実だと関心しています。私などはずっと賃貸派で、家は買ったことがありません。

③Z世代は生活費が低く「コト」消費がメイン

この数十年で若者の実質所得は大きく目減りし、基本的には生活費に使えるお金は少ないので、経済活動には保守的。自動車、ファッション、酒、外食、恋愛などの「○○離れ」が進み、実際に漸減している。「モノ」消費ではなく、「コト」消費（体験重視）志向。

私が客員教授として授業をしている大学の学生や、自社の社員を見ていても、ハイブランドで身を固めている人はほとんどおらず、ユニクロも高級品という扱いです。そもそも服装にあまり頓着のない人も多く見られます。

一方、推しのアイドルやアニメの映画作品やイベントを心待ちにして、どんなに高くてもお金を注ぎ込むというのを目の当たりにしています。

④Z世代はソーシャルネイティブ

中高生の頃からスマホを持っている。常時「つながっている」のが普通なので、同調圧力が強く、口コミなど社会的証明を重視する。インターネットの発達で情報が溢れかえり、実際に自分で経験してなくても「経験したつもり」になりがち。

これは個人差がありますが、多くの若者はやはりSNSを活用しています。X世代の私が少し驚いたのは、例えばご飯を食べる際はGoogleや食べログとかで調べるのですが、若者を見ていると、Instagramで写真を見て、おいしそうだったらその店を探すとか、友達がアップして推薦している料理店の中から探すのが「普通」だということでした。

⑤キャリア観は「新・安定志向」

働く地域や、会社の安定性を重要視。「将来の見通しが立たない社会では、自らの成長こそが安定につながる」という新しい「安定」の考えも出てきている。

実際に彼ら、彼女らが会社を選ぶ際に重視するものを調査した結果を見ると、「成長できるかどうか」が一番になっています。

Z世代にとって、大手企業でもリストラをしてきた様を見ているので（場合によっては自分の親がリストラされることも）、大きな会社にいれば安泰という「寄らば大樹の陰」的な発想はなくなってきているのかもしれません。

1995～2009年生まれのZ世代は、上司世代におおよそこのように思われている可能性が高いです。

この本を読んでいる20代の方の中で、もし自分と一般的な認識が異なるのであれば、「私たちの世代はこう思われがちですが、少なくとも私は違います」と折に触れて上司に伝え、誤解や偏見を解いておくと良いでしょう。そうすれば、おじさんリテラシーを発揮しやすくなります。

例えば、「Z世代は安定志向が強いのが一般的ですが、私は新しいことにチャレンジしながらキャリアを切り開いていきたいタイプです」と伝えれば、あなたの意見や提案もその前提に立って考えてくれるかもしれません。

上司のことを徹底的にパクる

部下の立場からできることとして、少々泥臭く昭和的な方法ですが、上司の懐に飛び込み、接点を増やすのも有効です。実際に、若手世代でも実践している人を結構見てきました。

例えば、上司が集まる飲み会に、勇気を出して顔を出してみるのも良いでしょう。「共通の話題がない」「話している内容がわからない」と不安に思っても、まずは相槌を打ちながら話を聞くだけでもＯＫです。

上司世代の考え方や価値観に触れることで、明日からのコミュニケーションの意識も変えられるかもしれません。

こうして勇気を出して徐々に懐に入った後に自分の意見をぶつければ、ほとんど拒絶されることはないはずです。多少無鉄砲な意見だとしても、少なくとも「見込みがあるやつだ」「骨のあるやつだ」と思ってもらえるでしょう。

いつの時代も「デキる上司を徹底的にパクる人」が活躍する

また、上司を観察しまくって、徹底的にパクる（ＴＴＰ）のも有効です。

人は「類似性効果」といって、自分と共通部分がある人に親近感を覚えるものです。ＴＴＰを実行すれば、共通部分が増えるわけですから、その分相手からの親近感が増えるということです。

薩摩藩の下流藩士だった大久保利通は、時の国主である島津久光に近づくために、久光の唯一の趣味だった囲碁を覚えて距離を詰めたという逸話がありますが、徹底的にパクるとはこういうことです。

私も長く人事の仕事をしてきましたが、第一線で活躍している人ほど、こ

の徹底的にパクることに対するプライドが低いように思います。

例えば、上司が阪神ファンだったら自分も阪神ファンになってみる、ワインが好きならばワインの勉強をしてみる、などなど。実際にハマれば、上司と同じ趣味を持てるようになり、会話も弾むでしょう。事あるごとに声をかけられるようになり、公私ともにコミュニケーション量が増えてくるはずです。

また、上司の趣味がわからなければ、普段のルーティンを調べ尽くして行動習慣を真似するのも1つの手です。

出勤前にコーヒーを買っているなら同じものを買ってみる、読んでいる新聞や雑誌に目を通して、上司が好きそうな情報を収集する、などなど。一から十までTTPしてみれば、上司の頭の中が徐々に読めるようになるでしょう。

誤解のないように言っておくと、おじさんリテラシーのベースには、必ず仕事における基礎能力が欠かせません。仕事での結果や能力を抜きにして、おじさんリテラシーだけで効力は発揮するはずがありません。

世の中には「非本質的だけど、身につけた方がいいこと」がある

　ここまでに紹介した「おじさんリテラシー」は、どれもアナログで泥臭いものばかりです。「飲み会に参加して懐に入り、TTPでお近づきになるなんて、仕事とは関係ないし非本質的だ！」と思われるかもしれません。

　でも、逆に考えてみてください。たかだかこれだけで信頼を得られ、自分の意見も通りやすくなる可能性がぐんとあげられます。ならば、やっておいた方が断然得ではないかと私は思います。

「仕事には直接関係ないことに時間を費やすのは、私のポリシーに反する」という人もいますが、それは1つの考え方であり否定はしません。

　また、別に報連相をこれ以上バージョンアップしなくてもいい、「もう一段上」を目指さなくてもいいのであれば、この章はスルーしても問題ありません。

ただ、そういった考え方をする人ほど、**「仕事で成し遂げたいこと」よりも、「カッコ悪いことはしたくない」というプライドを大事にしているだけではないでしょうか。**

自分のミッションを理解し、本気で目標を達成したいのなら、権力者を巻き込み、賛同を得なければならない場面に必ず直面します。

その日が来る前に、この章で紹介した方法を試してみて、「おじさんリテラシー」の素地を作っておくと、いつか「やっておいてよかった」と思う時は必ずやってくることを保証します。

おわりに

「報連相」という昭和的で古臭いと思わがちな言葉が、実は今の時代にこそ改めて必要なものであると、本書を通してご理解いただけましたでしょうか。

そして、コミュニケーションを良好にする「シン報連相」とは具体的に何を、どうすればいいのか、細かなレベルでお伝えしたつもりです。

本書が紹介した、シン報連相の方法の中には、ちょっとした言葉使いや心配り、泥臭いと思われるような行動なども含まれています。「こんな細かいことをやらなければいけないのか」とか「気持ちが伝われば、枝葉末節は関係ないのではないか」という感想を持つ人もいるかもしれません。

ただ、「神は細部に宿る」というように、「こんなことぐらい……」の積み重ねが、大きな結果につながるのもまた事実です。

どれだけ「自分は真面目にやっている」「報連相だって自分なりに頑張っている」

と言ったところで、正しく効果的に行わなければ、その思いは伝わりません。

ちょっとした言葉選びやタイミングの測り方、少しの気配りなど、くだらないと思える行動が報連相をより効果的なものにするのです。

本書で紹介したことをできるかどうかが、コミュニケーションの本質だったりもします。コミュニケーションの「機微」を大切にする日本人にとっては、特にこうした細かなことが重要なのです。

「報連相」というのは些細でつまらない、「誰にもできること」でもあります。

つまらないと思ってやらないか、これくらいでコミュニケーションが円滑に進むならばやってみようと行動に移すのか。この小さな差が、ゆくゆくは大きな差となっていきます。

成功者ほど腰が低く、変なプライドにこだわらず、目の前のことを泥臭くやり続け、頭を下げるべきところでは潔く下げられる。

これは悠久の歴史の中で繰り返され、実証されてきたことです。

もしあなたに大きな夢や志、やりたいことがあるのなら、尚更つまらないことだからこそ素直にサラリと取り組んでみてください。

きっと今のモヤモヤした状況が少しずつ晴れ、見えてくる世界も変わってくるはずです。

ぜひ、「シン報連相」を実行して、あなたの夢や理想を実現する手助けとしてください。そうなれば、私にとっては望外の喜びです。

［著者略歴］

曽和利光（そわ・としみつ）

株式会社人材研究所代表取締役社長。1971年、愛知県豊田市生まれ。灘高等学校を経て1990年に京都大学教育学部に入学、1995年に同学部教育心理学科を卒業。株式会社リクルートで人事採用部門を担当、最終的にはゼネラルマネージャーとして活動したのち、株式会社オープンハウス、ライフネット生命保険株式会社など多様な業界で人事を担当。2011年に株式会社人材研究所を設立、代表取締役社長に就任。企業の人事部（採用する側）への指南を行うと同時に、これまで2万人を越える就職希望者の面接を行った経験から、新卒および中途採用の就職活動者（採用される側）への活動指南を各種メディアのコラムなどで展開する。

シン報連相《ほうれんそう》

2024年4月1日　初版発行

著　者　曽和利光

発行者　小早川幸一郎

発　行　株式会社クロスメディア・パブリッシング
〒151-0051 東京都渋谷区千駄ヶ谷4-20-3 東栄神宮外苑ビル
https://www.cm-publishing.co.jp
◎本の内容に関するお問い合わせ先：TEL（03）5413-3140／FAX（03）5413-3141

発　売　株式会社インプレス
〒101-0051 東京都千代田区神田神保町一丁目105番地
◎乱丁本・落丁本などのお問い合わせ先：TEL（03）6837-5016／FAX（03）6837-5023
（受付時間10:00～12:00、13:00～17:30 土日祝祭日を除く）
service@impress.co.jp
※古書店で購入されたものについてはお取り替えできません
◎書店／販売会社からのご注文窓口
株式会社インプレス　受注センター：TEL（048）449-8040／FAX（048）449-8041

印刷・製本　中央精版印刷株式会社

　ISBN978-4-295-40957-1　C2034